T0277933

LA MEJOR VERSIÓN DE TI

ADOLESCENTES

GISELA
MÉNDEZ

LA MEJOR
VERSIÓN DE TI
ADOLESCENTES

Ilustraciones de
BOGART TIRADO

OCEANO

LA MEJOR VERSIÓN DE TI. ADOLESCENTES

© 2023, Gisela Méndez

Diseño e ilustración de portada e ilustraciones de interiores: Bogart Tirado
Fotografía de la autora: @jorjaCarreño

D.R. © 2023, Editorial Océano de México, S.A. de C.V.
Guillermo Barroso 17-5, Col. Industrial Las Armas
Tlalnepantla de Baz, 54080, Estado de México
info@oceano.com.mx
www.oceano.mx

Primera edición: 2023

ISBN: 978-607-557-763-0
Depósito legal: B 17129-2023

Impreso en España / Printed in Spain

9005764011023

A mi padre, el incansable adolescente de mi historia,
enamorado de la vida
y de su familia, quien me enseñó a jugar,
sonreír y luchar por mis sueños.

Y al equipo de Océano, mis compañeros y cómplices de letras e ideas, gracias por su constancia y apoyo. ¡Este libro se lo quiero dedicar a todos ustedes!

ÍNDICE

11   **INTRODUCCIÓN**

17   **¿CÓMO SOY Y CÓMO ME VEO?**
18   ¿Qué es imagen?
23   Tu familia
31   Tu imagen y tu vida afectiva
34   Tus vecinos
34   Los extraños
35   Tribus urbanas
36   ¡Viva la diversidad!
36   El mundo es tu escenario... ¡Aprendamos a actuar en él!
43   Tu espacio personal
44   ¡Esos movimientos tuyos!
49   ¡Qué modales en Buenos Aires!
50   Seamos inclusivos

61   **¿CÓMO ME CUIDO?**
62   Un escudo personal
64   Maquillaje para todos
69   Uñas
70   ¡Esa barba! ¡Barbas a mí!
73   Mi higiene personal
77   Los sentidos de la imagen
80   ¡Auuuuuu! La luna llena ya está aquí, pero no queremos convertirnos en licántropos
81   Iniciemos con tu cara
82   Mantenimiento del cabello
85   ¿Postizos?
87   Operaciones estéticas
88   ¡Tienes derecho a la salud!

93 ¿QUÉ ME GUSTA Y QUÉ ME QUEDA?
94 ¡Colores!
101 ¡Ese cuerpecito tuyo!
101 Cuerpos femeninos
114 Cuerpos masculinos
118 Tu bello rostro
118 ¡Damas…
121 … y caballeros!
124 Guardarropa
125 *¡Abracadabra!* ¡Que tengas colores toda la semana!
132 Veamos tu armario, *¡yes!*
133 Ropa interior femenina
137 Ropa interior masculina
138 PijamazzzzzZZZZZ
139 Zapatos, zapatillas y chanclas, ¡al clóset!
139 Zapato vs. pantalón
139 Tipos de jeans y para qué cuerpo
143 *Leggings*
145 Trajes de baño
146 Suéteres, ¡des-pa-ci-to!
146 Abrigos y chamarras
146 Accesorios
147 Prendas básicas
156 ¡Los Vengadores, digo, los imperdibles!
158 ¿Cómo me visto?
160 ¡Me gusta mi ropa! ¿Cómo la cuido?
161 Lavar a mano, también lo puedes hacer, ¡cómo no!

163 ¿QUÉ QUIERO Y QUÉ NO QUIERO EN MIS REDES SOCIALES?

167 UN COMODÍN PARA CUALQUIER FIN

175 ¡ES HORA DE DECIR ADIÓS!

181 MARCAS INCLUSIVAS

INTRODUCCIÓN

Estos párrafos son para ti, papá o mamá. ¿Qué crees?: ¡tus retoños ya están creciendo! Debo empezar pidiéndote que confíes en el trabajo que has hecho con ellos y permite que extiendan aún más sus alas. Continúa acompañándolos sin estorbarles, sigue dándoles las herramientas que van a necesitar para crecer lo mejor posible, con cariño, paciencia... mucha paciencia... ¡tuya! Ellos, al igual que tú, están llenos de dudas y miedos y, en un mundo como éste —tan saturado de información—, pueden confundirse con mucha facilidad. Pero para eso estás tú, tienes la oportunidad única de ser su faro en la aventura de crecer. Sólo asegúrate de tener cimientos fuertes y firmes para cuando se requiera, y siempre —es en serio, siempre— mantén la luz encendida. Eso hará que nunca pierdan su camino... y que, si lo pierden, puedan volver a él con mayor facilidad. A partir de ahora no te van a necesitar tanto, ¡y eso es perfecto! Significa que has hecho un buen trabajo con ellos. Velos sin miedo, observa cómo crecen, pero siempre dales espacio. Deja que crezcan, que tomen decisiones y aprendan a caerse; con tu ayuda esos raspones sólo serán un recuerdo... Pues aquí termina nuestra charla, es momento de que los padres dejen de leer, no se vale hacer trampa.

Y ahora, nos toca a nosotros, queridos y jóvenes lectores. Es momento de descubrirte, conocerte y quererte, ¡YEA!

Quererse a uno mismo es la clave de una vida feliz y el punto de partida de todo bienestar emocional. Quererte es lo que te permitirá estar a gusto con los demás y a ellos sentirse confortables contigo; es la sal y pimienta de tus relaciones exitosas. De todo corazón, creo firmemente en que no podemos decir que queremos a alguien si antes no hemos pasado por un proceso de aceptación en el que nos sintamos cómodos con nuestra identidad física y emocional. Necesitamos aceptar que la perfección sólo existe en la imaginación. Todos tenemos defectos, pero no estamos aquí para destrozarnos con autocríticas ni etiquetas, sino para aceptar las partes que no nos gustan y aprender a manejarlas, porque si no aprendemos a querernos, nadie lo hará por nosotros. Eso es la autoestima o, dicho de otra manera, es la capacidad que tienes de amarte y aceptarte tal cual eres: una persona *única* que es mucho más que la suma de todos sus defectos.

A lo largo de estas páginas descubriremos juntos a ese ser humano especial, extraordinario e importante que hay en ti.

¿A PARTIR DE CUÁNDO YA SOY ADOLESCENTE?

Según la Unicef, la adolescencia se divide en tres etapas principales que se relacionan con la madurez y las vivencias que cada uno de nosotros disfrutamos en distintos momentos de nuestra vida. Las dejo a continuación:

ADOLESCENCIA TEMPRANA DE LOS 10 A LOS 13 AÑOS

¡Empieza la aventura!... junto con los cambios físicos y hormonales: se modifica tu voz, te crecen vellos (púbicos, en las axilas y el bigote); tu olor corporal es distinto, la transpiración es una constante y, ¡para terror de todos!, aparecen los granitos... el terrible acné. Ante tantos cambios físicos, empiezas a hacerte preguntas y quieres respuestas. Es muy probable que no te sientas a gusto consultando ciertas cosas a los adultos que te rodean, así que la primera cosa que seguro cruzará por tu mente es acudir a tus amigos... Pero te quiero invitar a que les preguntes a mamá y papá o, en su defecto, a algún adulto de tu familia a quien le tengas la confianza necesaria para hablar de estas cosas. Aunque no lo creas, ellos ya vivieron esto y sabrán responderte.

ADOLESCENCIA MEDIA DE LOS 14 A LOS 16 AÑOS

A estas alturas ya te acostumbraste a las hormonas; no es que te encanten, pero al menos ya no te sorprenden ni confunden (tanto). Llegamos a la parte más interesante y donde debes poner más atención en ti y en los que te rodean. ¿Por qué? Pues porque inicias a ser tú, a separar lo que te gusta de lo que no, llegan esos vaivenes psicológicos y emocionales que poco a poco crearán tu identidad. En esta época de tu vida tu imagen tomará más importancia, es el momento de decidir cómo quieres ser visto. Por obvias razones quieres ser más independiente, ya no deseas que tus padres te acompañen a todos lados ni te pregunten acerca de lo que haces... Vas a creer que tú solito puedes resolver cualquier problema que se te presente ¡en tu viaje! Recuerda que sigues siendo joven; por favor, evita ponerte en riesgo innecesariamente y deja de tener prisa por crecer, ten calma.

ADOLESCENCIA TARDÍA DE LOS 17 A LOS 21 AÑOS

Y la calma llega poco a poco. A partir de los 17 tu vida es mucho más tranquila, aceptas y reconoces tu cuerpo. Tu personalidad, identidad y carácter están mucho más definidos y, ahora sí, comienzas a ver el futuro más cercano. Y las decisiones tienen más peso en tu vida.

	¿QUÉ ME PASA?	¿QUÉ ME PONGO?	DETALLITOS

10 A 13 AÑOS	**CAMBIOS FÍSICOS**
	Creces a estirones
	Periodo menstrual
	Vello corporal
	Inicia el acné
	
	CÓMO ACTÚAS
	Verbalizas
	  sentimientos
	Convives con grupos
	  grandes
	Opinas sobre tus
	  amigos
	Clases extras
	Vistes lo que papá
	  y mamá te dan
		COLORES
		Suaves
		
		MODA
		Moños
		Calcetas largas
		Camisetas
		Faldas amplias
		Encajes
		Holanes
		Ropa deportiva
		Shorts
		Guayaberas
		Joggers
		Ropa de equipos
		  deportivos
		Ropa coordinada
		  o a juego
		Capris
		Sudaderas
		Ropa de punto
			ESTAMPADOS
			Flores ♀
			Fantasía ♀♂
			
			ZAPATOS
			Sin tacón, sandalias ♀
			Huaraches, calzado
			  deportivo ♂
			
			CABELLO
			Suelto con diademas
			  y moños, largo ♀
			Corto, sin accesorios ♂
			
			ACCESORIOS
			♀♂
			Cadenitas religiosas,
			  si así lo quieren tus
			  padres
			Aretitos de bolita
			  (los que te pusieron
			  cuando naciste)

	¿QUÉ ME PASA?	¿QUÉ ME PONGO?	DETALLITOS

14 A 16 AÑOS	**CAMBIOS FÍSICOS**
	Sigues creciendo
	Te estiras de la noche
	  a la mañana
	Se intensifica el acné
	Tienes mucho sueño
	Comes mucho
	Transpiración
	
	CÓMO ACTÚO
	Llegan las relaciones
	  amorosas
	  importantes
	Inicias la búsqueda
	  de ti mismo
	Buscas independencia
	Quieres la aprobación
	  de tus amigos
	Te importa tu imagen
	  física
	Llega la tristeza (y a
	  veces la depresión)
	Sientes vergüenza
		COLORES
		Contrastantes
		
		MODA
		Jeans ligeramente
		  rotos
		Jump suit
		Escotes
		T-shirt con estampados
		  de cómics
		Minifaldas
		Botines
		Calcetas más cortas
			ESTAMPADOS
			♀♂
			Geométricos, de
			  cómics, de equipos
			  deportivos
			
			ZAPATOS
			Zapatos con tacón
			  pequeño, calzado
			  deportivo ♀
			Calzado deportivo,
			  mocasines ♂
			
			CABELLO
			♀♂
			Corto, mediano, largo,
			  coloreado
			
			ACCESORIOS
			♀♂
			Pequeños, discretos
			  y a juego

¿QUÉ ME PASA?	¿QUÉ ME PONGO?	DETALLITOS
CAMBIOS FÍSICOS Terminas de crecer Se normalizan tus hormonas	**COLORES** Neutrales Negro Y un favorito	**ESTAMPADOS** ♀♂ *T-shirts* con leyendas Sólidos

CÓMO ACTÚO
Tu personalidad se
  afianza
Tienes más autocontrol
Creas opiniones
  y pensamientos
  propios
	MODA
	Jeans muy, muy rotos
	Alternativa
	Tines
	Piel (imitación o real)
	Escotes
	Bermudas
	Chamarras
	Mostrar tu piel... o no,
	  tú decides
		ZAPATOS
		Tacones, zapatillas ♀
		♀♂
		Calzado deportivo,
		  mocasines, zapatos
		  de agujeta
		
		CABELLO
		♀♂
		Libre y a tu aire
		
		ACCESORIOS
		♀♂
		Alternativos y de moda

17 A 21 AÑOS

¿CÓMO SOY Y CÓMO ME VEO?

¿QUÉ ES IMAGEN?

De acuerdo con la Real Academia de la Lengua Española, *imagen* proviene del latín *imāgo, -ĭnis.* "Figura, representación, semejanza y apariencia de algo".

MI IMAGEN

Dicen por ahí que "como te ven te tratan", y, por desgracia, esto es tan cierto aquí como en China. Independientemente de nuestra inteligencia, habilidades o personalidad, la imagen que mostramos comunica y provoca un alto impacto en los demás, que no siempre es el mejor.

Nuestra imagen externa se divide en tres ejes centrales:

1. Lo que ves, miras y observas. Características físicas y sociales: cabello negro corto, de estatura media, usas falda larga, blusas holgadas, zapatillas negras, etcétera.

2. Lo que escuchas, lo que oyes y percibes. El tono: triste, alegre, feliz… o lo que dices: ofreces ayuda, dices groserías, cuentas chistes, hablas mal de los demás…

3. Lo que deseas mostrar y resaltar de ti. Éxito, inteligencia, seriedad, amistad, etcétera.

Dos de nuestros cinco sentidos son la clave del éxito cuando queremos mostrar la mejor versión de nosotros, y al mismo tiempo los usamos para examinar a nuestros amigos, familiares y entorno en general. Muchas veces sin darnos cuenta.

CUÉNTAME...

Para ti, ¿qué significa la imagen personal?

¿QUÉ ES LA IMAGEN PERSONAL?

Son todas aquellas características inconfundibles que te hacen diferente: el color de tu cabello, el de tu tez, de tus ojos, la forma de tu cuerpo, el tono de tu voz, etcétera. Son estas peculiaridades las que forman un recuerdo imborrable en quienes te conocen. Cada que escuchas frases como "Te pareces a tu papá", "Eres igualito a tu mamá" o "¡Abueleaste!", se refieren a los rasgos físicos que detectan a primera vista, cosas que están en tu ADN, que recibiste de tu familia. Es inevitable heredar algunos atributos de nuestros padres, pero recuerda que eso no te define en absoluto. Tú eres excepcional y original gracias a todas aquellas características que vas desarrollando con el tiempo y que te hacen ser único.

¿DE VERDAD NECESITO CUIDAR MI IMAGEN?

Aunque no nos guste hay que admitir que tener una buena imagen nos da seguridad en cualquier ámbito en el que nos encontremos. ¿Por qué? Porque habla de una persona que se cuida, que se quiere y tiene buenos hábitos.

Tú y yo sabemos que no es noticia nueva eso de que vivimos en un mundo globalizado que se mueve a la velocidad de la luz. La parte buena es que, gracias a las redes sociales, a las reuniones familiares, a las fiestas con amigos, e, incluso, a las juntas laborales, tenemos la oportunidad de desarrollar y mantener una muy buena imagen de nosotros mismos.

Para eso hay que cuidar mucho todo; DEBES cumplir contigo a diario, desde que abres los ojos y te levantas de la cama, pasando por una buena

TE CUENTO QUE...

Todos somos bellamente diferentes. Estas cualidades hacen que la vida tenga una gran variedad de color y personas por conocer y descubrir.

alimentación, hacer ejercicio, cultivarte, hasta el momento de acostarte para dormir. Porque, aunque no lo creas, informarte sobre temas de tu interés, de tu país y del mundo también te ayuda a conseguir este objetivo. Todo suma, todo ayuda a que los demás tengan una buena impresión de ti, a establecer relaciones sanas y duraderas, a abrirte las puertas en todos lados, pero, sobre todo, a sentirte feliz y contento con quien eres. Ahora que ya tienes tu ideal de imagen, recuerda que nutrirla te permite enviar mensajes claros, ser congruente contigo y los que te rodean y sentirte orgulloso de quien eres.

UNA ENTRADA TRIUNFAL

Una primera impresión se forma desde las acciones que haces a diario con tu arreglo personal —cómo peinas tu cabello o portas tu uniforme—, la manera en que te diriges a tus compañeros y maestros, tus conocimientos, tu personalidad, hasta cómo potencias tus talentos naturales.

Generar una buena impresión requiere de varias cosas que debes cuidar todos los días: saber lo que te favorece en tu arreglo personal te ayuda a detectar áreas de oportunidad que podrás ir mejorando para proyectar a esa persona interna —tan especial y única— que llevas dentro. ¡Eres genial!

Hoy en día, gracias al ritmo de vida que llevamos, las personas no pueden conocerte a fondo ni cómo te gustaría, pero ¡se quedan con tu arreglo personal! Algo que sólo a ti te toca mejorar día con día. Así que para cubrir todo lo necesario debes trabajar: tu figura, tu cabello, tu piel, tu guardarropa, tu mensaje y lo que deseas que los demás noten de ti.

CUÉNTAME...
¿Cómo te gustaría que las personas te recordaran?

Ahora, te contaré cómo trabajar todos estos aspectos que forman tu imagen para conseguir la mejor versión de ti.

INFALIBLES DE TU IMAGEN CON TUS COMPAÑEROS Y AMIGOS: 7 × 7

Considera a cada persona con la que convives un elemento importante en esta gran aventura de tu ciclo escolar y de tu vida, y —especialmente con tus amigos— recuerda las palabras de Jack: "Si tú saltas, yo salto" (*Titanic*, 1997).

1. **Trata a la gente como te gustaría ser tratado.** Esto va para todos, hombres, mujeres y unicornios: si quieres que tus compañeros sean cordiales contigo, empieza por ti: cede el paso a alguien o ayúdale si ves que necesita alguna tarea o material para la clase.
2. **Sé solidario.** Hacer equipo con quienes te rodean te da pertenencia y complicidad. También puedes ayudar a un compañero con algo tan sencillo como escucharlo, acompañarlo a casa si se siente mal, mandarle un mensaje de ánimo si está triste. Son detalles que suman mucho más que los grandes espectáculos. ¡Crea una red de apoyo para ti y para los demás con ayuda de tu comunidad!
3. **Evita ponerte a gritar.** Exaltarte o tener una actitud exagerada para que te vean o hagan caso denota debilidad y pobreza de argumentos. ¿Necesitas hablar fuerte o gritar para ser visto? Detente y respira. Pide las cosas de buena manera. Engrandece tu imagen, no tus gritos.
4. **Sé agradecido.** Un simple gracias puede cambiar todo. Alguien que sabe agradecer es una persona que reconoce el esfuerzo y dedicación de otra, por mínima que haya sido la acción. ¡Gracias!
5. **Sé optimista.** Te lo digo desde ahora: una persona que se la pasa quejándose y sufriendo por todo trabaja muchísimo para poder sanar, mientras que alguien optimista puede curar sus heridas y aflicciones con mayor facilidad; y no porque los problemas sean menos, sino por la actitud que manifiesta ante ellos. ¡Sé feliz! Y si la vida te da la espalda, ¡pellízcale la nacha!

6. **Cuida tu entorno.** Cuida a las personas que tienes a tu alrededor: familia, amigos, vecinos, compañeros, etcétera. Dales tiempo y espacio, escucha, ayuda; háblales bonito, de buena gana, con respeto y con palabras agradables. ¡Dale!

7. **Acepta tu imperfección.** En esta vida nada ni nadie es perfecto y, si así lo fuera, ¡sería insoportable! Como en la peli de *Matrix*: cuando crearon una vida perfecta para cada humano, el resultado fue catastrófico (no haré *spoilers*). No habría anécdotas divertidas o momentos accidentales que te ayuden a conocer a gente importante; por ejemplo, imagina que se te escapa tu perro y lo detienen unos compas superbuena onda y ahora tienes nuevos amigos; o que la persona que te robó el corazón te diga que no y conozcas al amor de tu vida gracias a eso. ¡Uuhh!... ¡se perderían esos errores que le dan sabor a la vida!

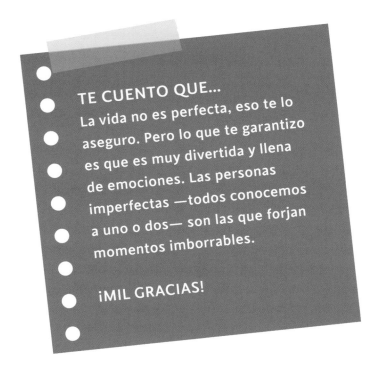

TE CUENTO QUE...
La vida no es perfecta, eso te lo aseguro. Pero lo que te garantizo es que es muy divertida y llena de emociones. Las personas imperfectas —todos conocemos a uno o dos— son las que forjan momentos imborrables.

¡MIL GRACIAS!

TU FAMILIA

Bueno, entramos en terreno un poco escabroso, especialmente durante nuestros años de adolescencia. Vamos a hablar del primer núcleo social, uno de los más importantes que existen: la familia. Más específicamente, hablaremos de TU familia.

Trataremos de hacerlo de manera objetiva, pero al mismo tiempo amorosa, ¿por qué? Fácil, el mayor motivo es que es la TUYA, y sabemos que no podemos cambiarla, pero sí entender a cada uno de sus integrantes y tratar de vivir en armonía. Es más fácil de lo que parece, sólo necesitamos tener tolerancia, paciencia y amor, mucho amor. ¡Créeme!

No es ninguna novedad eso de que existen muchos tipos distintos de familias y, con lo que ha pasado últimamente en el mundo, muchas se han enfrentado a cambios; ahora muchas conviven más de lo que antes lo hacían e incluso viven en el mismo lugar, ¿te imaginas?

Así que, como queremos evitar que el suelo tiemble con cada disgusto, te dejo aquí algunas claves para que puedas convivir lo mejor posible con todos en casa… No sé, tal vez descubras que son mucho más interesantes de lo que creías.

¡MUSHU! ¡DESPIERTA A LOS ANCESTROS!

Empecemos por el origen de nuestra familia, los maravillosos y, a veces, cómplices: los abuelos. Entre sus arrugas y en lo profundo de sus ojos puedes encontrar toda la sabiduría que la vida les ha dado (después de todo te llevan mucha ventaja en este mundo); lo creas o no, tienen muchas experiencias que contar y, como ya no tienen prisa, quieren compartir todo lo que han vivido y escucharte hablar de tus propias experiencias. Si se dan la oportunidad pueden volverse los mejores cómplices de la casa.

Ahora disfrutan de la vida sabiendo que cada uno de sus hijos y nietos son la extensión de ellos mismos, pero sin el compromiso de educarlos. Bueno, casi todos, porque en algunas ocasiones a ellos les toca cuidarte, procurarte y apapacharte porque tus padres trabajan. Hoy en día tenemos abuelos de todas las edades; muy jóvenes, a los cuales les gusta que les hables por su nombre; algunos un poco más grandes, que prefieren que les hables de usted, y los más modernos —aquí la edad no importa— que se sienten cómodos con motes cariñosos, como pueden ser *Abi*, *abu*, *mamayaya*, *bella*… ¡hay muchísimos! Incluso en otros idiomas como en danés *Morfar* (papá de la mamá) y *Mormor* (mamá de la mamá), o en alemán *Mutty* y *Opa*, o en italiano *Nonna* y *Nonno*… Lo más importante es que les preguntes cómo quieren que les hables. Sí, aunque ya hayas convivido con ellos muchos años, hazles la siguiente pregunta:

SÉ CURIOSO…

Investiga cómo les dicen a los abuelos en otros idiomas y cómo suenan. ¡Seguro que alguno te gusta y será un secreto que compartirás con ellos!

"Abuelo, ¿te gusta que te diga abuelo o quieres que te diga de otra manera?".
¡Te puede sorprender la respuesta! (tal vez hasta te confiesen su apodo de
juventud). Y como ya sabes qué prefieren, dales esa satisfacción.

Charlar con un adulto mayor es tiempo de oro, siempre aprendemos algo
nuevo. Y es por esto que les debes respeto, amor y cuidado a ellos y a toda
persona mayor que pase por tu camino.

Respetarlos es darles la importancia que se han ganado al formar una
familia y, por lo tanto, su lugar. Habla con ellos de forma tranquila y con
paciencia. Recuerda que algunos, los más grandes, empiezan a perder sus
sentidos, tal vez ya no vean o escuchen como tú o yo; a veces, te tocará ser
sus ojos, sus manos y hasta sus piernas. Por favor, nunca olvides que alguna
vez te cuidaron; ésta es tu oportunidad de dedicarles tiempo, cuidarlos y
escucharlos. Por favor, no les grites, recuerda hablarles de vez en cuando

(se alegrarán de oír tu voz) y evita lastimarlos; es más, si ves que alguien hiere a tu abuelo, con palabras o golpes, ¡ayúdalo! Eso hace la familia: cuidarse en cualquier momento, no sólo en los días buenos también en los difíciles.

Abrázalos: hazlos sentirse queridos. En muchas ocasiones nos olvidamos del contacto físico —especialmente en el mundo *online* en el que vivimos—; recuerda que ellos no están acostumbrados a tanta distancia y los abrazos y las caricias son importantes. A veces los dejamos de lado, creemos que, porque ya son mayores y su vida está llegando a su fin, ya no importan, ¡pero esto es mentira! Nos necesitan. Conforme avanza su vida desean ser escuchados y formar parte de su familia. Abrazarlos, acariciarlos y procurarlos les devuelve jovialidad y los hace felices.

Pero siempre hay otra cara de una misma moneda y, en este caso, son los abuelos con mal carácter; todos sabemos que no es sencillo tratar con personas así. Pero incluso a ellos es bueno entenderlos; a lo mejor están enfermos o no pudieron ser o lograr en la vida lo que soñaban. De todos modos, es importante que los respetemos y no sólo porque sean parte de nuestra familia, sino porque son seres humanos. Si ellos no desean formar parte de tu vida, está bien, no puedes obligarlos, pero mantenlos presentes en tu mente y tu corazón. A fin de cuentas, de ellos viene una parte de ti.

¡TÍOS Y TÍAS AL FRENTE!

Estas personitas también se han ganado nuestro respeto, amor y complicidad. Son además los que hacen que la vida sea más divertida. Después de todo, aunque pasamos mucho tiempo con ellos no tienen la obligación de educarnos, así que compartimos anécdotas y risas a su lado. Conversa con ellos, tenles confianza, ellos nunca te lastimarán

CUÉNTAME...

Cierra tus ojos por un momento y piensa en ese familiar especial para ti. Aquel que te haya dejado huella. ¿Lo tienes?, ¿te pareces? ¿Sabías que esos rasgos, hábitos y hasta manías imperdibles que reconoces en ellos y en ti son los que te hacen ser ¡familia!? Se siente bonito, ¿cierto?

y serán un gran pilar en tu vida. Y el mayor *plus* que tienen es que puedes consultarles cosas que tal vez te dé pena preguntar a tus papás.

AMIGOS Y CONOCIDOS DE TUS PADRES

Como su nombre lo dice, son amigos DE TUS PADRES, no tuyos. Si no deseas compartir tiempo con ellos, habla sinceramente con tus papás; te van a entender. Eso sí, evita ser grosero, altanero o intolerante. Lo mejor es siempre saludar y despedirte de manera cortés; un simple "buenas tardes" o "buenas noches" es más que suficiente y te evitará problemas innecesarios en casa.

¿FAMILIA?

Desgraciadamente algunos familiares no son tan buenos como quieren hacer creer y sus intenciones hacia ti pueden dejar mucho que desear. Y sí, por si no lo habías notado, aquí hablaremos de la violencia y el abuso sexual. En este tema debo ser muy clara: NADIE tiene el derecho de tocar tu cuerpo sin tu permiso, tampoco pueden violentarte ni física ni psicológicamente. ¡No esperes a que se repita!, desde la primera insinuación que te haga sentir incomodidad o que tú consideres incorrecta, háblalo con tus padres, familiares o hasta con tus maestros. RECUERDA que no estás solo. ¡Habla! Eso te ayudará a ti y a otras posibles víctimas. Ésta es TU vida y lo más importante es que puedas disfrutarla y la llenes de momentos felices, armónicos y exitosos.

> *Tú eres importante y tus sentimientos lo son aún más. Que nadie corte tus alas ni tu espíritu. Nunca tengas miedo a decir lo que sientes. No le temas a la verdad.*

TU ESPACIO EN CASA

Todos, absolutamente todos, tenemos un área para nosotros dentro de nuestro hogar y debemos ser responsables de ella. No tiene que ser una habitación completa, ni significa que puedas apropiarte de la sala. Es algo tan simple como la mitad de la cama que compartes con algún hermano o hermana, tu lugar en la mesa —hay que aceptarlo, todos somos territoriales con eso—, tu tiempo en el baño o donde sea. Si haces uso de ese espacio, cuídalo; al final eres tú quien lo utiliza.

Pero eso no nos deslinda del resto de la casa. Al contrario, siempre habrá lugares comunes en los que convivas con tu familia o que tal vez quieras utilizar para una reunión con tus amigos o una fiesta de cumpleaños...

Así que te voy a contar un secreto: si ayudas en casa, es mucho más probable que te den permisos de todo tipo.

Te dejo algunos tips:

- La clave es la proactividad. Esto significa que no esperes a que te digan qué hacer; si te adelantas a las indicaciones ganas puntos con tus papás y puedes elegir lo que más te guste hacer en casa —o lo que menos detestes—, ya sea lavar trastes, poner la mesa, ayudar en la cocina... ¡todo suma! Además, si entre todos mantienen la casa limpia, va a estar limpia más tiempo; al respetar el trabajo de los demás, ellos respetarán el tuyo... y si de repente invitas a alguien no te avergonzarás de que haya una pila de platos sucios en la mesa del comedor. A eso súmale que estás en la edad perfecta para aprender a hacer algunas "tareas domésticas"; algo que no te denigra, por el contrario, te fortalece y prepara para cuando te independices... Aunque falte mucho, ¡tú practica!, ji ji ji.
- Compartir no siempre es fácil. Es posible que te toque dormir en la misma habitación que tu hermana o hermano, y no todo el tiempo es algo sencillo. Ambos necesitan colaborar para tener su espacio limpio y ordenado.
- Mantener el orden. Si cuentas con un cuarto propio consérvalo limpio, con una decoración en tonos suaves para que puedas descansar y

comprométete en mantenerlo en perfecto estado. Aunque no lo creas, una habitación ordenada y limpia te permite pensar mejor; tu cerebro descansa, pues no está ocupado pensando en la suciedad a tu alrededor, y, además, vas a encontrar mucho más rápido cualquier cosa que necesites. Si crees que tu espacio necesita una manita de gato —o garra de tigre, en casos extremos— avisa a tus padres. Ellos te ayudarán a pintarlo, arreglar un enchufe, cambiar un foco fundido, o lo que sea necesario. Es una excusa perfecta para convivir.

- **¡Aquí no es restaurante!** Seguro que has escuchado esa frase en algún lado, ¿verdad? Bueno, pues tiene una razón de ser. Verás: preparar los alimentos no es rápido ni sencillo, implica dedicación y amor, y si respetas los tiempos de comida en casa estarás agradeciendo todo el trabajo que hay detrás.
- **¡Y lo mismo al revés!** Si ya estás ayudando en casa, tarde o temprano te tocará cocinar, es inevitable; cuando te corresponda, procura hacerlo con cuidado, esmero, limpieza, amor y sin desperdiciar nada, ¡por favor!

AMIGO, CARNAL, PANA, PARCE, PIBE, TÍO, WEON, ETCÉTERA...

¡Ha llegado el momento de dedicarle unas cuantas líneas (muchas) a esas personas que son tus incondicionales! Tú sabes, quienes están siempre por y para ti; ellos te ayudan a crecer y reconocer que tienes un lugar especial en sus vidas. Los amigos se eligen y se procuran; son quienes, con el paso del tiempo, se vuelven parte de tu familia. ¡La familia que eliges!

A TUS AMIGOS...

- **Cuídalos.** No sólo te van a acompañar en el recreo: estarán contigo fuera de la escuela, así que intenta procurarlos, y no me refiero a llevarles un dulce o un regalito. Hay cosas más importantes como ayudarlos con una tarea que se les dificulte, conseguirles un material para una maqueta, ser su confidente… Los amigos se tienen confianza mutuamente. Si él o ella te cuenta algo importante, tú debes responderle con la misma moneda. Ser solidario es primordial.

- **Respétalos.** Sólo por ser tus amigos ya tienen una consideración extra, después de todo son los compañeros que elegiste para descubrir la vida juntos. A lo largo del tiempo que compartan tendrán algunas diferencias, es normal. Si realmente los consideras tus amigos o amigas, por favor, habla con ellos frente a frente, sin rodeos, sé sincero. Siempre será mejor una buena discusión para acomodar las ideas y sentimientos de una vez, que mantener una relación incómoda con alguien que aún es especial para ti. Aconséjense y escúchense mutuamente.
- **Aliéntalos.** Anímense a seguir adelante y a no tener miedo, aventúrense —juntos o por separado— a seguir algún proyecto.
- **Identifícalos.** Un amigo está en las buenas y en las malas, nunca te traicionará ni te hará daño. Pero ten cuidado, puedes equivocarte al llamar "amigo" a quien sólo pasaba por ahí. Recuerda que si te aprecia no te pedirá que hagas cosas que tú no quieres; si te pide algo indebido no es tu amigo. De verdad, así de plano.
- **Valóralos.** Cada persona que conoces tiene un valor distinto en tu vida. En esta etapa tus amigos valdrán más para ti que otras personas —ambos lo sabemos muy bien—. Si le vas a dar tanto valor a alguien, asegúrate de no estar aceptando chatarra en lugar de oro. Aprende a apreciar lo que cada uno vale y a que te valoren en la misma medida. Te daré un ejemplo: imagina que uno de tus amigos más cercanos empieza a llevarse con alguien que tú no crees que sea bueno para él; decides decírselo, ser sincero y explicarle por qué piensas así; pero a pesar de eso decide ignorar tu consejo y mantener a esa compañía a su lado. Trata de ser objetivo y respóndete: ¿te valora del mismo modo en que tú lo haces? Si la respuesta es un rotundo NO, vete sin mirar atrás; un amigo no es tu responsabilidad.

TU IMAGEN Y TU VIDA AFECTIVA

Cuidar tu imagen es un trabajo de todos los días y no se refiere sólo a bañarte y peinarte. También tiene que ver la forma en que te relacionas a nivel social y personal con tu familia, amigos y compañeros. En esta etapa lo más seguro es que te enamores por primera vez ¡Y, con suerte, habrá correspondencia!; puede ser alguien de tu colonia, algún club u organización a la que acudas o de tu escuela o salón. ¡Ups! El amor, románticamente hablando, es ese sentimiento que puede mover y traspasar barreras sin ser tocado. Puede hacerte volar por los aires y dormir todas las noches con una enorme sonrisa en el rostro. Querer y que te quieran bien ¡es un gran objetivo de vida!

ALGUIEN ME GUSTA, ¿CÓMO LE HAGO PARA QUE ME HAGA CASO?

Pues sucedió... te enamoraste de alguien inteligente, encantador, seguro... ¡y que además huele bien! Ya te percataste de que tus ojos lo buscan en cuanto llegas a la escuela y que ocupa más tiempo y espacio en tus pensamientos de lo que nunca antes alguien había ocupado. Quieres pasar la mayor cantidad de tiempo a su lado, pero temes asustarlo. Ahora tienes una nueva meta: ¡una conquista! Y para lograrlo necesitas tener mucho tacto, cuidado y paciencia:

- Tacto. Invierte tiempo en conocerlo; habla, bromea, discute, convive y, sobre todo, respeta a esa persona que te hace palpitar de otra manera el corazón y ¡ver todo lindo y soñar y...! Tranquilidad, que no se te note la desesperación, deja que el afecto fluya poco a poco. Si has escuchado la frase "novios de manita sudada" es perfecto, ése es el primer paso al que debes aspirar, sobre todo si es la primera vez y aún eres muy joven. Vayan juntos de la mano y disfruten de esos pequeños escalofríos que surgen de ese contacto. Es algo que recordarás siempre.
- Cuidado. Si son de la misma edad (lo cual es lo más aconsejable en tus primeras relaciones) ¡tendrán la oportunidad de descubrir nuevas sensaciones y emociones juntos! Cuídense y protéjanse mutuamente,

quieren vivir sus vidas y eso suele derivar de vez en cuando en uno que otro error. Eviten los manoseos de pulpo en público; no es sencillo vivir con ciertas etiquetas.

- **Paciencia.** Deja que tu organismo crezca y que los cambios de tu cuerpo fluyan a su ritmo, no corras para tener relaciones sexuales. Cuida tu cuerpo, tu mente e imagen. ¡Tienes muchos años por delante, no tomes atajos o te perderás de muchas cosas!

BUENO, PUES YA TE SUBISTE A ESTA MONTAÑA RUSA, ¿Y AHORA QUÉ?

Las relaciones son difíciles y estás por aprenderlo en carne propia. Así que sólo puedo darte algunos consejos para cuidarte a ti y al mismo tiempo cuidar tu imagen de frente a los demás. Ahora no parecerá importante, pero las etiquetas que te pongan a esta edad pueden durar muchos años... demasiados.

CUIDA DE TI

- Empecemos con lo más importante: ¡las personas que te quieren nunca te lastimarán ni física ni emocional ni psicológicamente!
- Procura tiempo para tu pareja y para ti. ¡Todos son importantes en la relación!
- Respeten a sus respectivos amigos: salir en grupo es divertido, pero convivir a solas con tus amigos y dejar que tu pareja lo haga con los suyos es fundamental. Después de todo, no quieres que te conozcan como "acaparador".
- ¡Vive! Si te gustan las faldas cortas o los jeans ajustados, úsalos, lo primero es que tú te sientas feliz con lo que te pones. Tu pareja puede aconsejarte si cree que algo podría quedarte mucho mejor, pero no imponerse. Estás en el momento ideal para probar estilos y diseños, es la mejor forma para que identifiques qué te gusta y qué no. Hay que buscar un balance con lo que te va bien y lo que te gusta. ¡Ser tú siempre estará de moda!

- Asegúrate de que compartan gustos y conoce las diferencias que puedan llegar a separarlos.
- Comparte tus inquietudes y confía en tu instinto y, si descubres que hay algo de esa persona que no termina de encajar, háblalo con tus padres, amigos o personas con más experiencia en las que confíes. NUNCA te quedes con la duda. Estás iniciando tu vida afectiva, asegúrate de llenarla de amor y comprensión.

IDENTIFICA LAS RED FLAGS

Me refiero a las formas rápidas y sencillas de identificar si tú o alguien a quien quieres se encuentra en una relación tóxica. Nada bueno suele resultar de eso, así que es mejor alejarte e intentarlo de nuevo con alguien más. ¡Tienes toda la vida por delante para encontrar a tu alma gemela! ¡Huye, si hace cualquiera de estas cosas!:

- ✕ Si te exige tener relaciones sexuales para demostrar tu amor.
- ✕ Si no escucha con detenimiento cuando hablas ni respeta tus opiniones.
- ✕ Si trata de cambiar tu manera de ser y de vestirte.
- ✕ Si trata constantemente de separarte de tus amigos y familia. Debe tener una razón verdaderamente de peso para hacerlo y "que le caigan mal" no es una de ellas. Tus amigos llegaron primero y es muy posible que sigan cuando la relación termine. Cuida de ellos.

ESQUIVA LAS ETIQUETAS

La mejor forma de librar toda esta etapa lo más impecable posible respecto a tu autoestima y tu imagen es siguiendo los siguientes consejos. Recuerda que un apodo puede perseguirte por mucho tiempo, especialmente en un mundo en el que las redes sociales dominan la opinión pública y en la que nos hemos acostumbrado a juzgar antes de preguntar.

- Las caricias, los besos y los arrumacos son cosas que sí o sí van a suceder, ¡y está bien! Pero, como siempre, hay un lugar para cada cosa y que estas muestras de cariño se intensifiquen en el patio de la escuela o cuando hay mucha gente a tu alrededor puede que no sea la mejor idea. Es mejor mantenerlas breves y discretas. Si están listos para el siguiente paso no van a querer testigos. Te lo aseguro.
- No hagas a los demás lo que no te gustaría que te hicieran. Si estás en una relación, respétala. Si te gusta alguien que ya está en una relación, respeta esa relación también. Suena a regaño, pero te evitarás muchos dramas innecesarios en tu vida.

TUS VECINOS

Nunca sobra recordar que la vida nos ha enseñado el importante papel que tienen los vecinos en nuestro entorno; son una parte fundamental de nuestro ecosistema más cercano. La mayoría estará ahí si los necesitamos, ya sea para cosas sencillas como pedir un poco de azúcar o más importantes como que cuiden a tu hermano menor si tienes un accidente y tus papás necesitan llevarte al médico.

SIEMPRE es mejor tener una buena relación con ellos. Así que si los ves afuera, salúdalos; tener alguna consideración con ellos de vez en cuando nunca ha matado a nadie. Puedes ayudarles a tirar la basura, barrer su banqueta si ya limpiaste la de tu casa, cargar alguna bolsa de compras... Son acciones muy simples que estrechan nuestros vínculos y nos fortalecen.

LOS EXTRAÑOS

Esas personas con las que convivimos a diario sin siquiera saber su nombre; son aquellos que nos encontramos en la calle, al subir al transporte público, algún vendedor, el chofer del taxi... Son tantos los extraños que vemos a diario que nunca sobra saludar cuando entras en algún lugar, ayudar a pasar la calle a una persona con discapacidad visual o permitir el paso a alguien mayor. Mantén la calma si alguien avanza más lento en las escaleras del metro, al subir a un transporte o simplemente en la calle. Cada uno libra sus propias batallas y es imposible que sepas por lo que ese individuo está pasando, así que es mejor ir por la vida en paz y armonía. Como bien dicen: "Atraparás más moscas con miel que con hiel".

TRIBUS URBANAS

Hablemos de las tribus y no, no hablo de un "grupo social primitivo". Me refiero a los grupos de individuos que se forman en diferentes zonas geográficas —por lo general, urbanas—, como un barrio, una colonia, un estado, etcétera. Estas tribus suelen estar integradas por jóvenes —en su mayoría adolescentes— con ideología propia, que buscan una voz

TE CUENTO QUE...

Las primeras tribus urbanas se desarrollaron en Nueva York en los años sesenta y setenta.

e imagen diferentes a lo que la gente está acostumbrada a ver todos los días. Por ejemplo, usan el mismo peinado, hablan de modo muy similar y comparten una manera de pensar. Buscan dar a conocer una filosofía de vida propia y cimentar su propia identidad dentro de un grupo que piensa como ellos. Es importante respetarlos, aunque no pensemos igual.

¡VIVA LA DIVERSIDAD!

En este mundo tan globalizado podemos encontrar un gran abanico de pensamientos, gustos e ideologías. A esto le llamamos diversidad. Tener ideas, pensamientos y preferencias distintos a los de nuestros padres, familiares y amigos no te resta derechos ni amor para contigo. Para decirlo más claro: todas las personas valen por el simple hecho de ser personas. Cada quien tiene el derecho a elegir lo que le haga sentir cómodo y feliz, y para eso tiene a su alcance una gran diversidad, étnica, cultural y sexual. Infórmate y conoce, vuélvete solidario y respeta. Todos cabemos en este increíble mundo.

EL MUNDO ES TU ESCENARIO...
¡APRENDAMOS A ACTUAR EN ÉL!

Una persona bien educada es aquella que respeta a la persona que tiene enfrente, su entorno y familia. Crea relaciones duraderas y permite que la gente se sienta contenta a tu lado.

Esto ya lo sabía un viejo conde. Deja que te cuente su historia:

—Hace mucho, mucho tiempo atrás,

había un conde en Inglaterra que le escribía cartas a su hijo con recomendaciones para llevar una vida mejor en sociedad. Este conde, aunque de mal carácter, era cuidadoso con los demás y sabía que una persona amable y educada cabe en cualquier lugar, esto es, "bienvenida serás siempre que tengas un excelente comportamiento con la gente con quien convives". Es con este personaje que nace el comportamiento social y la buena imagen en el mundo. ¿Te digo algo? Tenía razón. Una persona con buenas maneras para tratar a sus vecinos, amigos, compañeros, maestros y desconocidos siempre es y será recibida de buena forma en cualquier lugar.

"Si no plantamos el árbol de la sabiduría cuando somos jóvenes, no podrá prestarnos su sombra en la vejez." [1]

Para poder actuar en el escenario de nuestras vidas con respeto y buena educación te aconsejo lo siguiente:

UN GUION PARA ABRIR PUERTAS: ¡ALOHOMORA!

Tu imagen no depende sólo de cómo te ves. Aunque no lo creas, la seguridad que muestras, la educación con la que te presentas y las palabras que eliges para comunicarte suman muchísimo a la impresión que dejas en los demás. Así que vamos a empezar por lo que dices. [2]

1. Philip Dormer Stanhope, cuarto conde de Chesterfield (22 de septiembre de 1694-24 de marzo de 1773).
2. Si quieres algunos tips sobre cómo mantener una buena imagen en cualquier situación, te invito a que leas mi libro *Moda y modales*. Ahí encontrarás todo lo que necesitas.

> En realidad, "buenos días" es algo único del idioma español y se debe a la costumbre, cadencia y sonoridad de estas palabras. Aunque sea admitido por mucha gente, lo correcto es utilizar "buen día" pues lo que se desea es un buen día sólo para el día que lo dices... Ahora, que si tú quieres desear que la otra persona tenga muchos "buenos días" es totalmente válido.
>
> —Buen día, lector.

¡BUENOS DÍAS!

Los mundialmente conocidos, y nunca mal vistos, "buenos días". Deja una buena imagen desde temprano y mantengamos la bonita costumbre de dar un buen día, cuando...

- Amanece. Decírselo a tu familia debe ser un hábito. Despertar con un "buen día, mamá", "buen día, papá" es un bello detalle.
- Al salir por la mañana, si te encuentras a algún vecino, sin pena, ¡hazlo! Un sincero "buen día" es suficiente.
- Al llegar al transporte público, un "buen día" general y sin mirar a nadie en específico abarca a todas las personas que viajan contigo, y siempre es reconfortante —a lo mejor hasta les alegras la mañana—. Créeme, nadie planea levantarse enojado, pero si por alguna razón sucede un "buen día" puede lograr que nazcan sonrisas espontáneas y agradables.
- Llegas a tu salón de clases y saludas a tus compañeros y maestros.
- Básicamente, cuando llegues a cualquier sitio por la mañana, muestra tu educación y hazte presente con un "buen día". Incluso si te encuentras con alguien a quien de plano no soportas... no dejes que se note, saluda de manera general, y listo. Sin mentir, pero sin faltar al respeto. Recuerda lo que las abuelas suelen decir: "¡Lo cortés no quita lo valiente!".

¡BUENAS TARDES!

Pasando las doce del meridiano es ya la tarde. Por lo tanto, hay que cambiar nuestro saludo por un "buenas tardes" cuando...

- Llegas a un consultorio médico o de servicios, tiendas, supermercado, bancos, etcétera.
- Llegas a la papelería a comprar algo.
- Tomas el transporte público.

Y en todo lugar público al despedirte y no conocer a nadie agrega:

- Buenas tardes + una leve sonrisa.
- Buenas tardes + que le vaya bien.
- Buenas tardes + buen apetito (al terminar de comer en casa o fuera de ella).
- Buenas tardes + con permiso (al salir de algún lugar, los elevadores también cuentan).
- Buenas tardes + mucho gusto (al despedirte de alguien que te ayudó o conociste por un instante).

¡BUENAS NOCHES!

¿Y para cuándo las "buenas noches"? Pues ésas las guardamos cuando...

- Está completamente oscuro, ¡buuuu!
- Ya dieron las ocho de la noche.
- Te despides para ir a dormir.
- Cuando debes irte de la casa de tu novia (o novio, aquí no juzgamos). ¡Más tarde no! Y menos si es entre semana, sé prudente.
- Cuando sales de algún lugar por la noche y la calle se ve oscura, saluda a los caminantes, sé amistoso. Eso puede crear seguridad entre los paseantes.

GRACIAS, GRAZIE (ITALIANO), MERCI (FRANCÉS), DANKE (ALEMÁN), HVALA TI (CROATA)

Definitivamente ésta es una palabra extraordinaria, ya que abre puertas y caminos en cualquier lugar del mundo. ¡Recuérdala! Agradece cualquier ayuda, consejo, detalle, favor, regalo o lo que sea a tu familia, amigos, compañeros o desconocidos. ¡A TO-DOS se les dan las gracias!

POR FAVOR

Alguna vez alguien me dijo: "Cuando las cosas se piden 'por favor' con mayor razón se ejecutan". Y, ¿sabes?, tenía razón. ¡Gracias, mamá!

Recuerda incluir las palabras "por favor" cuando pidas ayuda, un consejo, un requerimiento o una observación:

- Por favor… ¿me ayudas a traer mi mochila del salón?
- Por favor… ¿me ayudas a bajar la bolsa del mercado?

¡Ah!, pero no se vale abusar. Esa palabra mágica no debe usarse para pedir dinero, algo ilícito, o forzar a alguien a hacer algo que no desea hacer. Por favor, usa tu criterio.

HASTA PRONTO Y ADIÓS

Usamos un agradable y siempre esperado "hasta pronto" cuando…

- En breve estaremos con alguna persona.
- Te despides de tus compañeros, profesores, familia, etcétera.

Nos despedimos con un "adiós" cuando…

- Sales de algún lugar.

- Ya no quieres ver a alguien y definitivamente le dices: ¡adiós! Es fuerte, pero funciona…

DIME CÓMO TE MUEVES Y TE DIRÉ QUIÉN ERES

Hablemos un poco de formas de comunicación que no incluyen la voz ni las palabras como personajes principales. ¡Interesante!, ¿cierto? Me refiero a los mensajes que envías con ayuda de movimientos voluntarios e involuntarios, al comportamiento que desarrolla tu cuerpo, sus vibraciones; es todo aquello que cuentas en silencio. A esto se le llama "lenguaje no verbal".

Por eso es tan importante aprender a cuidar lo que comunicas sin querer: lo que dicen los movimientos de tu cabeza, tus manos, tus ojos y tus piernas; todo esto apoya o desmiente tus palabras.

LO QUE DICES + LO QUE HACES = COMUNICACIÓN

COMUNICACIÓN VERBAL + COMUNICACIÓN NO VERBAL = LO QUE REFLEJAS

Si cuidas todos estos aspectos, tu comunicación será perfecta, dando como resultado que la gente te vea y te sienta como alguien sincero. De hecho, estoy segura de que más de una vez has conocido a alguien que simplemente "no te late", no le crees por más que lo intentas. Es precisamente por esto: porque no concuerdan sus movimientos con sus palabras.

MOVIMIENTO DIRECTO (ABIERTO)

Toda aquella acción que realizas al hablar con tu manos y piernas mirando hacia tu interlocutor —o sea, la persona con la que hablas— es un movimiento en expansión. Esto significa que, cuando hablas, enseñas tus manos a la persona, los dedos ilustran tus palabras, agitas los brazos, a la derecha o a la izquierda, o dibujas al aire con tus manos. Así te estás mostrando tal y como eres, verdadero y sincero, no escondes nada.

MOVIMIENTO INDIRECTO (CERRADO)

Ahora vamos a la parte opuesta. Hablamos de una persona que no muestra su cuerpo al cien por ciento, cierra sus puños al hablar, deja sus brazos quietos y pegados a sus costados o al hablar no se mueve para nada. Esta persona no se presenta tal cual es, no es sincera y podría estar mintiendo. No es que tengas que correr ante alguien así; pero sí debes pensar muy bien en el mensaje que te está enviando, sólo escucha y toma precauciones. Como dirían por ahí: ¡mira más allá de lo evidente!

UN EXTRA: LAS EMOCIONES NOS DELATAN

Los movimientos regidos por tus emociones son los más involuntarios de todos. Con tu rostro y tu cuerpo puedes mostrar tristeza, diversión, alegría, melancolía, paz, tranquilidad, amor, pasión, satisfacción, vergüenza, asco, desprecio, enfado, orgullo... entre muchas otras cosas. Hablar con tu cuerpo te permite tener una mejor comunicación. Así, tus amigos, familiares y maestros no dudarán de tu mensaje. Déjalo hablar. ¡Si lo sientes, dilo!

A continuación, te daré algunos tips para que puedas identificar las emociones de los demás gracias a su lenguaje corporal. ¡Así podrás entenderlos mejor e, incluso, ayudarlos!

La tristeza siempre se representa con movimientos pequeños y hacia uno mismo. Desde estar cabizbajo hasta encontrarse en silencio total.

La alegría se nota desde lejos, ya que una persona feliz se mueve mucho, no deja de sonreír y de tocar a las personas que están a su lado; es más, habla alto y segura.

El nerviosismo. Se advierte cuando alguien mueve sin cesar alguna parte de su cuerpo todo el tiempo: un pie o sus dedos. Tranquilo, ¡no pasa nada!

Un mentiroso mira fijamente y repite constantemente su mensaje, aunque también puedes notar que esconde ligeramente su cuerpo y rehúye la mirada.

El enfado se manifiesta con el cambio de color en el rostro de la persona enojada; con movimientos rígidos, pero a la vez continuos. ¡No te pases!

CUÉNTAME...

Cuando te encuentras con otros: ¿de qué forma te comunicas con ellos?, ¿cómo lo hacen los demás contigo?

TU ESPACIO PERSONAL

Pongámonos un poco técnicos: algunos antropólogos como Franz Boas o Edward T. Hall[3] hablan de la proxémica —materia que estudia el espacio que manejan los animales y las personas en sus respectivos entornos—. Estos dos antropólogos exponen que las personas tenemos un espacio por naturaleza que nos hace sentir cómodos y seguros con nosotros mismos y nuestras áreas.

Déjame hablarte de los tres espacios de la teoría de Hall.

- **Espacio íntimo de 15 a 45 cm.** Es aquí donde te sientes cómodo con la gente más cercana a ti, como son tus padres, hermanos, pareja o hasta con tu mascota. Así que cuando viajamos en el metro, camión o pesero y está lleno tiendes a sentirte incómodo, porque hay extraños rebasando tu espacio íntimo. Pero, al igual que tú, las otras personas también se sienten incomodas. Así que de ahora en adelante puedes entender el porqué de esas caras molestas, ¡ups!

- **Espacio personal de 45 a 75 cm.** Es aquí donde te sientes cómodo al charlar con personas por primera vez, tus maestros, un amigo de tus padres, algún amigo nuevo. Son personas cercanas, pero no íntimas, a las que les otorgas un poco de confianza para estar cerca de ti; sin embargo, no invaden tu espacio íntimo. Estoy segura de que te has sentido satisfecho cuando trabajas en equipo con tus compañeros, ¿verdad? Éste es el motivo: no invaden tu espacio íntimo y, a la vez, puedes charlar tranquilo y trabajar, ¡a gusto!

   Por eso cuando tienes pareja, y alguien se acerca mucho a ese alguien, tú sientes incomodidad, lo percibes como una invasión armada en tu territorio. ¡Asedian el espacio de tu pareja!...

- **Espacio general de 75 a 120 cm.** Es aquí donde te sientes más que relajado. Es lo que llaman "la medida del brazo". Sí, extiende tu brazo, ¿ya? Esa medida exactamente te dará el límite o espacio para

3. Esta sección de los espacios íntimo/personal/general, la tomé del libro de Edward T. Hall, *La dimensión oculta* (vigesimocuarta reimpresión), Siglo XXI Editores, México, 2011.

compartir en una fiesta, en una reunión o en algún evento público. Es precisamente cuando vamos al parque y vemos la presentación del mimo o alguien cantando y nosotros reímos, nos da gracia. Porque no invaden tu espacio y puedes convivir con más gente.

Ahora ya sabes por qué te sientes bien cuando estás con tu familia y amigos.

¡ESOS MOVIMIENTOS TUYOS!

Recuerda esto: tus pensamientos son cerebrales y tus movimientos viscerales. Así que ha llegado el momento de saber qué dice tu cuerpo, parte por parte.

¡ESOS OJITOS!

¿Son los ojos la llave del alma? Eso no lo sé, pero de lo que estoy muy segura es de que sí son la llave de tu comunicación. Son la parte de nuestro cuerpo que gana por sutileza al momento de comunicarse. ¿Motivo? Muy fácil, la persona que no ve a los ojos de quien tiene enfrente es insegura y temerosa de su mensaje.

No mirar a los ojos da la sensación de no darle importancia a su interlocutor y mucho menos a su mensaje; más fácil: no le interesa la persona a la cual se dirige o… ¡hay demasiados nervios! Puede ser que ese alguien te guste, así que no podrás evitar mirarlo, pero sólo a medias.

Mantener la mirada se vuelve difícil porque tus ojitos te van a delatar, aunque verlo a escondidas es emocionante.

Ahora, también puedes usar tus ojos para demostrar hartazgo o falta de interés en lo que te están diciendo. Algo que saca de quicio a cualquier autoridad es que ruedes los ojos —o pongas ojitos de huevo—. ¡Así que evítalos! Puede meterte en problemas innecesarios.

Por otro lado, si clavas tu mirada en alguien o lo miras con mucha intensidad se vuelve incómodo para la otra persona, es invasivo y molesto. Ver a los ojos da confianza, pero hay que ser sutiles y breves. Escucha con atención y dirige tu vista a diferentes puntos de su cara como pueden ser sus mejillas, frente o nariz. Pero eso sí: evita mirarla de manera fija, ¡se va a asustar!

> **TE CUENTO QUE…**
>
> Hablar de lo que pensamos y sentimos, cuando estamos con la persona adecuada, es agradable. Nunca minimices tus sentimientos; éstos son los que le dan color y sazón a tu comunicación no verbal.

¡ESAS MUECAS, DIGO, ESAS CARITAS!

Estoy segura de que en muchas ocasiones has querido hablar con los gestos de tu rostro, ya sea por desesperación, frustración o alegría contenida, ¿verdad que sí? Ahora te explico qué quiso decir tu cara con cada gesto que has hecho (o visto en alguien más):

- Sonriendo y enseñando los dientes (¡todos!): esa persona miente, se siente incómoda, esa sonrisa no es verdadera.
- Sonriendo, mostrando sólo los dientes superiores: ¡ésa sí es una sonrisa sincera!
- Sonriendo y llevando una parte de los labios hacia dentro: esa persona esconde algo, o sabe algo que nosotros no sabemos, ¡ya dime!

- Fruncen el entrecejo: seguramente no entendió el mensaje y es momento de explicarse mejor.
- Mantener los labios apretados: esa persona esconde algo o bien está a punto de decir algo y no se atreve…
- La barbilla alzada es signo de soberbia. Bájale tantito y ganarás amigos.

TUS MANOS

¿Quieres saber cuál es una de las herramientas más importantes de tu cuerpo? Pues sólo tienes que ver un poco hacia abajo y la encontrarás: son tus manos. Ellas nos ayudan en todo momento y por esta misma razón debemos saber cómo usarlas para comunicarnos mejor. Pueden ser tus mejores amigas al momento de compartir un mensaje, o tus peores enemigas.

Al conversar llévalas siempre al frente, muéstralas, que no te dé pena. Esto expresa seguridad, confianza y, ¡por favor!, cuídalas. Asegúrate de que siempre estén limpias y con las uñas recortadas y perfectas. No quieres rasguñarte sin querer.

LA POSTURA

Siempre caminar y mantenerte erguido da una connotación de confianza. Piensa en los soldados, ellos son la mejor muestra de que ir derechitos por la vida muestra seguridad. Y tú, ¿cómo caminas?

Una buena postura se mantiene con el abdomen firme, hacia dentro y fuerte; es éste el que sostiene tu espalda. ¡Así que no nos queda de otra que hacer abdominales! Una postura derecha al caminar dice más de ti de lo que crees: además de denotar temple, visualmente te verás más alto y tu figura lucirá mejor. Y como un pequeño extra: tu espalda te lo agradecerá.

Recuerda que la espalda recta se mantiene en todo momento: cuando te detienes a escuchar a alguien o al sentarte. De no hacerlo puedes demostrar flojera, enojo, cansancio y eso, a tu edad, ¡olvídalo!

Al estar de pie parecerá que pones más atención si…

- Mantienes tus manos al frente y abiertas (mostrándolas).
- Entrelazas sutilmente tus manos por detrás de la espalda.
- Procuras que tus pies estén juntos, ligeramente abiertos.
- Si en ocasiones llevas un pie, ya sea el derecho o el izquierdo, levemente hacia atrás y al frente el otro. (Esto, además, te dará estabilidad.)

Recordarás mejor lo que te cuentan si...

- Mantienes tus piernas ligeramente abiertas y descansas tus brazos a los costados.
- Al estar de pie, llevas tu mirada al frente.
- Una de tus manos sostiene tu muñeca y la otra está abierta por detrás de la espalda.

Los demás se van a espantar si...

- Colocas tus brazos a nivel de la cintura, en jarras. ¿O quieres pelear? Mi gallito.
- Llevas tus manos al frente y cruzadas, en una postura de "se me rompió el cierre del pantalón".
- Colocas tus brazos cruzados al frente, a la altura del pecho y con los puños cerrados.

TU ANDAR

Caminar es un placer y más cuando denotas tranquilidad y seguridad. ¡Sígueme!

- Primero: mira al frente y hacia donde te diriges, ¡no te vayas a caer!
- Segundo: lleva tus brazos a los lados al caminar, balancéalos de forma suave y con ritmo, nadie te corretea.

CUÉNTAME...

¿Alguna vez has jugado a los sims? ¿Cómo suelen caminar tus personajes? Desgarbados, cabizbajos, alegres, seguros de sí mismos... Y tú, ¿cómo caminas?

- Tercero: ¡saca el pecho!... hum, mejor no, eso es muy viejo. Con sólo meter el abdomen mantendrás una postura saludable.
- Cuarto y último paso: camina con pasos suaves, sin brincar, como si te deslizaras por la vida. Si no parecerá que vienes jugando y te puedes tropezar, ¡qué ridículo!

UNA CONVERSACIÓN DONDE TODOS PARTICIPAN

Cuando estás sentado comunicas y ¡comunicas más de lo que crees! Ya que no son sólo tus piernas las que mandan, es la inclinación de tu cuerpo, el movimiento de tus manos, la colocación de tu cabeza... En este momento tu cuerpo entero está invitando a la conversación. Así que te voy a dejar algunos ejemplos de posturas muy comunes. Cuéntame si conoces alguna otra y cómo luce.

- "El castigado". Denotas sumisión cuando estás sentado con los brazos entrelazados y con la cabeza hacia abajo.
- "El torito". Cuando te sientas casi al borde del asiento, ¿quieres pelea o salir corriendo...?
- "El tímido". Proyectas miedo cuando estás agarrado de la silla.
- "El mentiroso". Cuando al estar sentado no muestras totalmente tu cuerpo a tu interlocutor, ¿qué ocultas?
- "El exitoso". Cuando estás frente a frente con la persona que hablas, mostrando las manos sueltas, el abdomen hacia dentro y la espalda derecha: ¡a lograr tus metas!
- "El agotado". Cuando alguien se desparrama en su asiento, luce desganado y con poco interés.
- "El pensador". Cuando descansas los codos en la mesa y éstos, con tus brazos, hacen un triángulo o figura piramidal: ¿qué estará pasando por esa mente?

¡QUÉ MODALES EN BUENOS AIRES!

TU CONVERSACIÓN

"Cultura mata carita". Lo siento, guapo o guapa: si no tienes una conversación interesante debo informarte que la belleza es efímera, pero la cultura es infinitita y altamente atractiva. Aprende y vuelve a aprender —leyendo, mirando reportajes y noticias, viendo películas un poco fuera de lo comercial... ¡todo suma!—. Una persona con una charla interesante es inolvidable. ¡Vámonos, Cyrano!

EL CHICLE

Existen algunos hábitos que debemos cuidar y mantener al margen de nuestra imagen. Una de esas costumbres que se ven fatales es cuando masticas chicle todo el tiempo y más cuando lo haces al hablar. ¿Razón?: da la impresión de que sigues comiendo y uno no habla con comida en la boca, así de fácil, ¡fuera el chicle! Y si lo haces por mejorar tu aliento, hay infinidad de pastillas que se terminan mucho más rápido y son más efectivas. ¡Incluso las hay sin azúcar para que cuides tus dientes!

TU SMARTPHONE

Lo sé, lo sé y lo sé... Hoy día nadie quiere soltar su *smartphone*; ¿por qué querríamos si se usa para todo? Pero, aunque no lo creas, retirar los ojos de la pantalla y convivir con quien está a tu lado es mucho más importante que lo que estés mirando. Si estás en clase, charlando con amigos o hasta con tus padres, deja a un lado tu teléfono. Bríndales a las personas que están contigo la atención que ellas requieren, ¡ya!

EN EL TRANSPORTE Y EN LA CALLE

Es de alta prioridad entender que, en el momento de estar en el transporte público, todos nos ayudamos y nadie es invisible. Ya lo dijimos antes: desde un brevísimo saludo hasta avisarle al "dormido" que llegamos al final de la ruta habla más y mejor de ti de lo que puedes creer. ¡Pero no es lo único que puedes hacer!:

- Ayuda a las personas de la tercera edad, desde auxiliarlas a bajar o subir hasta llevarles sus cosas a otro transporte o pasarlas a la otra acera. ¡No las abandones!
- Si eres víctima de un asalto con arma de fuego, ¡no te hagas el héroe! Es un hecho lamentable, pero debes recordar que tu vida está primero. Mantén la calma, baja la mirada, sigue instrucciones y, de manera sutil, guarda detalles como el color de su piel, estatura, color de ojos, cómo viste o algún rasgo físico particular, para después denunciar el hecho. No tendría que recordarlo, pero lo haré de todos modos: ¡DENUNCIA! Yo sé que es tedioso y que muchos creen que no sirve de nada, pero es nuestra forma de tratar de mejorar la situación en nuestros países.
- Si no has pasado un día extenuante siempre puedes ceder tu asiento a quien lo necesite: niños, mujeres embarazadas, personas de la tercera edad, hombres y mujeres con niños en brazos o cualquier individuo que luzcan cansado; no sólo a las mujeres jóvenes y guapas se les cede el asiento.
- Evita obstruir puertas de entrada y salida si no es tu parada, así como las escaleras. Alguien se caerá tarde o temprano y no querrás ser el culpable.

SEAMOS INCLUSIVOS

Primero que nada debemos comprender que todos nacemos diferentes; a veces se nota poco, pero hay personas en las que se nota mucho más. Así que les dedicamos una sección especial para ellas; después de todo, ¡queremos que TODAS y TODOS se sientan y luzcan siempre fabulosos!

DISCAPACIDAD DE MOVILIDAD

Si estás en esta situación, pensar en la ropa es fundamental, ya que, si te encuentras sola o solo en una silla de ruedas, un botón que se encaje, una prenda demasiado ajustada o un cierre abierto pueden convertirse en tu peor pesadilla.

Necesitas:

Telas resistentes al roce exterior; nunca sabes en qué superficie tendrás que moverte, pero trata de que sea suave con tu piel. Tú lo sabes mejor que nadie, pero pasarás mucho tiempo en una única posición y es mejor estar preparado.

Los detalles son importantes

- **Las cinturas elásticas:** cuida que el resorte sea suave para no obstruir la circulación.
- **Botones:** éstos dependerán siempre de cuánta movilidad tengas. Si de plano no te gustan, puedes considerar el velcro que, además de ser más cómodo, también es casi imposible de distinguir.
- **Bolsillos traseros:** lo siento, pero se tienen que ir. ¡Parecen hechos sólo para que la costura lastime tu piel!
- **Cierres metálicos o plásticos:** otro adiós definitivo. Tú lo sabes, pero a lo mejor quien te regala ropa aún no: ¡enséñales este fragmento! Se te incrustan en la piel, se atoran con la ropa y si ya no sirven se bajan todo el tiempo y no siempre puedes subirlos en solitario.
- **Costuras:** búscalas como una buena tabla de madera: cuanto más plana, ¡mejor! Esto evitará que se irrite tu piel por la fricción.
- **Jarreta:** el muy famoso cordón es un aliado para abrochar todo tipo de prendas; tal vez un curso de nudos pueda ser tu nueva actividad favorita.
- **Perneras anchas:** un pantalón muy al estilo de los años setenta para que tus piernas entren y salgan con facilidad y holgura. ¡Queremos comodidad!
- **Playeras:** con cuello amplio, ¡fácil y rápido!

DISCAPACIDAD VISUAL

Hay distintos niveles de discapacidad visual, no todos son completamente ciegos y hay un espectro muy amplio de daltonismo como para limitarnos a nosotros mismos y a quienes conozcamos con estos inconvenientes.

Así que ¡mucha paciencia! Tanto si eres quien convive con esta dificultad como si quieres ayudar a un ser querido. No importa qué tan bien veas, lo importante es que siempre luzcas tan bello por fuera como lo eres por dentro.

Actualmente, y por fortuna, ya muchas empresas de belleza incluyen las instrucciones en sistema braille o están diseñadas de manera ergonómica para facilitar el uso de toda clase de productos de belleza y cuidado personal.

A continuación, encontrarás algunos tips para facilitar la tarea diaria de vernos impecables:

La base de maquillaje en crema es la más sencilla de manipular, sólo necesitas esponjas limpias o tus propios dedos para colocar, dosificar y difuminar el producto por todo tu rostro y cuello. Recuerda lavar tus esponjas una vez a la semana con jabón neutro y exprimirlas muy bien… O si decides usar tus dedos, lávate muy bien las manos antes de empezar a aplicar tu base.

Si puedes elegir, desvívete por las sombras en crema. Tus dedos son perfectos para aplicarlas, ya que puedes sentir la cantidad que colocas en ellos y suelen coincidir con el tamaño de tus párpados. ¡Sigue tus instintos! Tú eres quien mejor conoce tu rostro. Ahora, entramos a la parte chunga: elegir los colores. Asegúrate de tener alguna forma de identificarlos fácilmente (por una etiqueta con un tacto particular, braille o relieve) y evita las paletas de muchos colores, con dos o tres por recipiente basta y sobra.

¡Nada como un veloz disparo de bloqueador solar en spray para olvidarte de las quemaduras por un rato! Ésta es la mejor presentación para las personas prácticas. Recuerda que debes usarlo tres veces al día (8 a.m., 12 p.m., 4 p.m.), especialmente cuando pasas todas esas horas bajo la inclemente luz solar.

Ahora, si lo tuyo es un leve tostado sin quemar tu piel, siempre puedes decantarte por el bloqueador solar con color: consigues una piel tersa, la proteges del sol y no necesitas la base de maquillaje, ¡es un WIN-WIN! También es aconsejable usarlo tres veces al día.

Ha llegado el turno de tus brochas: la idea es que las uses sólo para el polvo traslúcido y el rubor. Éste se aplica en forma circular con una leve inclinación ascendente (hacia arriba) justo donde sientas una bolita en la mejilla al sonreír. No necesitas muchas brochas, así evitas confusiones. Como las esponjas, hay que mantenerlas limpias. Adelante explicaremos la mejor manera de cuidarlas.

Para elegir tus cepillos de cabello lo mejor es que tengan alguna diferencia en el mango: la forma, un relieve. ¡Todo sirve para ubicarte mejor con tus cosas y depender menos de los demás! Estás en la mejor edad para conseguir independencia y prepararte para valerte por tu cuenta.

¡Hablemos de daltonismo siguiendo las pistas del Blue!
El daltonismo es una condición que afecta a muchos más hombres que mujeres. Las personas que conviven con él, en su mayoría, ven perfectamente el azul y sus variantes. Por eso si conoces a alguien que sólo viste este color, puede ser que sea su tono favorito… o también que se sientan seguros con éste para no equivocarse.

Ten prudencia y no preguntes; si es daltónico, ya te lo dirán.

Pero ¿y si tú lo eres? Déjame ayudarte a combinar tu ropa, sentirte seguro y verte muy #in.

Como ya mencioné, existen varios tipos de daltonismo y los más frecuentes son tres:

- Protanopía: no ven el rojo. En su lugar distinguen un tono amarillo o verde, pueden llegar a percibir el verde en un tono triste y apagado.
- Deuteranopía: no ven el verde. Lo intercambian por el rojo.
- Tritanopía: no ven el azul. Lo distinguen como verde y amarillo; sorprendentemente, el amarillo brillante lo perciben como rosa.

¿QUÉ COLORES PERCIBEN Y CÓMO LOS PERCIBEN LAS *D'PERSON* (PERSONAS CON DALTONISMO)? ¡GUAU!

VISTA NORMAL	VISTA DE LA *D'PERSON*
Rosa	Azul claro
Morado	Azul medio
Fucsia	Amarillo oscuro
Azul fuerte	Azul fuerte
Azul cielo	Azul cielo
Verde agua	Blanco
Verde botella	**Protanopía:** amarillo suave **Deuteranopía:** durazno pálido
Verde brillante	**Protanopía:** amarillo brillante **Deuteranopía:** durazno más intenso
Amarillo	Amarillo
Amarillo mostaza	Verde medio
Naranja	**Protanopía:** verde hoja seco **Deuteranopía:** mostaza
Rojo	**Protanopía:** verde musgo **Deuteranopía:** café
Café	Rojo
Gris	Gris
Beige	Verde muy claro
Vino	Rojo profundo

Si tienes problemas con los colores, hay distintas herramientas que puedes utilizar para que no sea un dolor de cabeza vestirte cada mañana. Te quiero dejar algunas, pero siéntete libre de compartir cualquier otra estrategia que hayas desarrollado o escuchado. El punto es ayudarnos entre todos:

- Cuando vayas de compras, procura ir con algún amigo o familiar en quien confíes, pídele que te ayude a elegir el color que buscas o que te confirme el color de la prenda que te llamó la atención; una vez en casa, anota el color en la etiqueta para que siempre sepas cómo te estás vistiendo. Si vas solo, pide ayuda a algún vendedor, ¡te ayudará con mucho gusto!

- Usa la tecnología a tu favor: si tienes algún trabajo escolar y no quieres molestar a nadie a tu alrededor preguntando los colores a usar, consigue un catálogo de tonos RGB (rojo-verde-azul, para trabajos digitales) o CYMK (cian-amarillo-magenta-negro, para impresión) en papel o internet y busca los códigos del color que deseas en el programa que estás usando. ¡Te librarás de regaños y bochornosas explicaciones en la escuela!

- ¡Toma muchas fotos! Hay que aprovechar que ahora casi todos los teléfonos tienen cámara fotográfica. Si tienes dudas y la prenda que te vas a poner no tiene el color escrito en ningún lado, mándale una foto a tu mejor amigo y que te diga el color que estás usando. Necesitamos usar todas las herramientas a nuestro alcance.

- Para maquillaje y pinturas varias, procura comprar siempre las que estén bien etiquetadas, y si ves que los nombres de los colores comienzan a borrarse, remárcalos con pluma tú mismo. Si no encuentras algo en las indicaciones, con ayuda de alguien que te diga los colores, escríbelos tú mismo en la caja o en un lugar visible.

• Ejercita tu memoria. En lugar de ver las combinaciones, tú tendrás que aprenderlas por sus nombres. Una vez que sepas qué color te queda mejor o cuál combina con otro (echa un ojo a la sección de colores en la página 94), tendrás que tomar muchas notas y memorizarlas poco a poco, pero te prometo que paulatinamente será más fácil y siempre lucirás ES-PEC-TA-CU-LAR.

COMBINA

PONTE, ABUSADO, JI JI JI	D'PERSON
Rosa-blanco-jeans	**Protanopía, deuteranopía y tritanopía:** azul claro, blanco, jeans (son azules)
Blanco-rojo-gris	**Tritanopía:** blanco, rojo, gris **Protanopía:** blanco, verde musgo, gris **Deuteranopía:** blanco, verde musgo, café
Morado-azul cielo-azul marino	**Protanopía, deuteranopía y tritanopía:** azul medio, azul cielo, azul fuerte
Café-beige-azul	**Protanopía, deuteranopía y tritanopía:** rojo, verde muy claro, azul
Mostaza-amarillo-negro	**Protanopía, deuteranopía y tritanopía:** verde medio, negro
Vino-beige-verde	**Protanopía:** rojo profundo, verde claro, amarillo brillante **Deuteranopía:** rojo profundo, verde claro, durazno más intenso **Tritanopía:** rojo profundo, verde claro
Rosa-morado-verde	**Protanopía, deuteranopía y tritanopía:** azul claro, azul medio, verde

DISCAPACIDAD AUDITIVA

Cuando tienes esta discapacidad, te vuelves muy detallista, desarrollas mucho más tus otros sentidos, así que la ropa que usas termina siendo a tu gusto visual y con telas suaves que acaricien tu cuerpo en lugar de lijarlo. Puedes incluso volverte un experto o experta arreglando tus prendas porque notas de inmediato cuando algo está mal hecho. Si encuentras gente a la que le gusten los objetos y detalles hermosos, así como agradables al tacto, y si son amantes de todo aquello fino y delicado, ¡formarán un gran equipo! Espérenmeeeeeee.

Si quieres ayudar

Te propongo un pequeño experimento para tratar de sentir un muy leve acercamiento al día a día de las personas con capacidades diferentes: deja descansar uno de tus sentidos por todo el día o algunas horas y descubrirás todas las necesidades que puede tener esa persona.

¿Tú crees que somos un mundo incluyente?

DISCAPACIDAD INTELECTUAL O EMOCIONAL

Volvamos al inicio de esta sección, ninguna clase de discapacidad hace que tu valor cambie a los ojos de la sociedad; son simples diferencias que enriquecen la vida y el mundo que nos rodea.

Todos somos personas que queremos sentirnos bien con quienes somos y cómo nos vemos. Queremos conocer a otros con nuestros mismos gustos, sentido del humor y amor por la vida. Y ¿sabes algo? Estas personas, que pueden lucir, hablar o pensar un poco distinto a nosotros, quieren exactamente lo mismo... Acércate a ellas, conversa, bromea, recuerda que ellas viven más presión social debido a ser simplemente como son. ¡Haz la diferencia, no te arrepentirás!

¿Quieres acercarte, pero no sabes cómo hacerlo?

Bueno, te voy a dejar algunos tips; muchos parecen obvios, pero es normal que no se te hayan ocurrido. Tristemente, aún no somos tan inclusivos como deberíamos ser:

- Habla sin miedo; tal vez más despacio, pero no dejes de hablarles, son como cualquier otra persona. Míralos a los ojos, sin ser invasivo, ¡es un amigo más!
- Si ves que necesitan ayuda, ¡ve con todo! Pero si te dicen que no, acéptalo. Entiende, por favor, que no se trata de soberbia, simplemente quieren sentirse independientes y eso ¡es supercool!
- ¿Tu casa, escuela y lugares que frecuentas, están adaptados para ellos? Qué tal estudiar alguna ingeniería en diseño y hacerles más divertida e incluyente la vida a todas las personas, ¿te late?
- Si organizas algo en tu casa y uno de tus invitados tiene alguna necesidad especial, ¡organízate y prepara tu hogar! Recoge las cosas del suelo que puedan estorbar o ser un peligro; haz espacio para que pase una silla de ruedas con comodidad; asegúrate de que todo huela delicioso… Son detalles que no sólo hablaran bien de ti, además harás que tu visitante se sienta como en casa.

Hemos hablado de muchas cosas, pero la mayoría han sido sobre lo que te rodea no sobre quién eres. Ahora es momento de que subamos a un nuevo tren y le hablemos a tu "mí mismo", a esa persona con la que vives, convives y creces; a esa persona que debes amar, cuidar y respetar por sobre todas las cosas. Así que: ¡con el poder que me otorga haber escrito este libro, yo los declaro el más hermoso vínculo emocional del mundo!

¡Ups! Creo que me volé un poco, pero eso no significa que no sea verdad.

¿CÓMO ME CUIDO?

UN ESCUDO PERSONAL

Iniciaremos con el órgano más grande del cuerpo humano: nuestra piel. Ella es la que protege tus órganos internos y orificios naturales, además de contener los receptores sensoriales del tacto.

Además, es un gran indicador de tu salud y, para finalizar —entre sus tantas virtudes—, es el órgano que revela nuestra edad: si luces joven o viejo, es ella la primera que te lo advertirá. ¡Cuídala mucho, por favor!

Una gran piel merece…

1. Aseo facial. Por la mañana y la noche y con jabón neutro.
2. Crema humectante en el cuerpo, la que el médico te indique.
3. Filtro solar en cara y partes del cuerpo expuestas al sol.

Y me refiero a la piel de cualquier cuerpo humano. No sólo las mujeres usamos cremas, ni filtros solares. Todos necesitamos protegerla, a menos que quieras llegar a los treinta y parecer de cuarenta.

PASO 1. ASEO FACIAL

Lava tu cara con jabón neutro si tu cutis no presenta acné (granitos). Si lo llegas a padecer, lava tu piel con un jabón astringente. ¡Pero siempre recetado por tu dermatólogo! Es poco probable que funcionen las recomendaciones del empaque y siempre corres el riesgo de presentar alguna alergia a uno o más de sus componentes. ¡No retes a la mala suerte! Recuerda que todo depende del tipo de piel que tengas.

PASO 2. CREMA HUMECTANTE

Unta la crema o loción humectante que te mande tu dermatólogo en todo tu cuerpo; en especial si sufres de acné en hombros, pecho y espalda, ¡encrémate, baby!

PASO 3. FOTOPROTECTOR SOLAR

El protector solar lo puedes encontrar en varias presentaciones. Para el uso diario yo te aconsejo la presentación en gel, un tipo de filtro solar ideal para tu piel; debes colocarlo en tu cara y en todas las zonas de tu cuerpo expuestas al sol. Cuando lo vayas a buscar, no te fijes sólo en el empaque o en su olor, asegúrate de que tenga un buen factor de protección (FPS), que sea protector de amplio espectro, que te proteja de los rayos ultravioleta A (rayos UVA-A, los que te broncean) y de los rayos ultravioleta B (rayos UVA-B, que sólo te queman la piel y dejan manchas), que sea ultraligero y, si es tu caso, que sea para piel con tendencia al acné. Haz de tu FPS un básico y gran compañero de vida. ¿Se podrá poner una leyenda tipo "I Love NY" que sea "I love my FPS"?

Por ahora, sólo necesitas estos tres cuidados. Así de fácil es cuidarte y lucir una piel sana y fuerte toda tu vida, ¡te acordarás de mí!

CONSEJOS DE CORTESÍA

Cuidado con ser un *copycat*. Si te gusta cómo se ve alguien con una camisa, pantalón o peinado, primero considera si tienes algunas características similares. Por ejemplo, si esa persona usa un delineador verde, puede ser que el tono de tu piel se vea opaca con ese tono. Lo que le va a una persona no necesariamente te va a ti.

Para evitarte problemas de exceso de grasa en tu cara, necesitas beber suficiente agua al día (aproximadamente dos litros), tu piel y tu bolsillo te lo agradecerán. Ve a tu clínica dermatológica más cercana y haz cita con algún dermatólogo. Tienes la edad perfecta para cuidar fácilmente de tu piel. Esto es especialmente importante si empiezas a tener acné. Recuerda que hay muchas clases de acné y el doctor sabrá darte el mejor tratamiento.

Cuidado con recetarte a ti mismo o que tus mejores amigos o amigas te recomienden medicamentos. Si te sientes mal, habla con tu adulto responsable favorito o ve tú mismo al doctor, ¡caminando!

Además, si no estás tan seguro con un diagnóstico es muy válido buscar otra opinión.

Comprar marcas piratas o de dudosa procedencia es peligroso en muchos aspectos. Te explico: para empezar puede dañar tu salud ya que algunos productos son falsos y carecen de las propiedades que deberían contener. El impacto económico también se debe tener en cuenta: adquirir estos productos hace que las farmacéuticas que se esfuerzan por investigar y elaborar medicamentos de calidad pierdan clientes, lo que afecta al personal y a las familias que dependen de estas empresas.

Deja descansar el internet en cuanto a tu salud, porque en las redes sociales se generaliza la información. Siempre debes acudir con un especialista.

¡MAQUILLAJE PARA TODOS!

Hoy día, como en la antigüedad e historia del mundo, el gusto por verse bien ha sido una constante entre hombres y mujeres. Viajemos un poco por el tiempo. En el antiguo Egipto los faraones llevaban los ojos delineados con kohl para evitar el mal de ojo; pero, aquí entre nos, también era por vanidad, ya que marcaban sus ojos y se veían más interesantes.

Mientras tanto, los romanos no se quedaban atrás. Ellos se blanqueaban la piel con carbonato de plomo, oscurecían sus ojos con antimonio o usaban un bello rojo en los labios gracias al azafrán. Obviamente en esa época muchos caballeros morían intoxicados... Sí que eran valientes, ¿cierto?

En la época isabelina y victoriana los hombres lucían las caras más maquilladas que las mujeres: polvos blancos, labios rojos y pelucas, gracias a que Luis XIV lo puso de moda en su palacio de Versalles.

Hoy los hombres siguen usando maquillaje, no sólo para salir en programas de TV o en revistas, sino en su día a día. Y, ¿sabes qué? ¡Es genial! El maquillaje no tiene género ni edad. Pero ahora tenemos una gran ventaja: lo natural está de moda, así que lo importante es que tu piel se vea y mantenga sana, no que te escondas bajo capas y capas de maquillaje, ¡uf! Cerca...

Aun así, ambos sabemos que las que usan más maquillaje a esta edad son las chicas, así que hablemos un poco de eso. La ventaja de la adolescencia es que es muy fácil maquillarte, no requieres demasiadas instrucciones ni productos para verte bien.

MAQUILLAJE DE USO DIARIO...

1. Filtro solar con color / base de maquillaje.
2. Riza tus pestañas / máscara de pestañas, o no.
3. Bálsamo con color o humectante de labios .

BASE DE MAQUILLAJE

Te sugiero un **filtro solar con color** y toque seco para pieles grasas. Al colocarte el bloqueador solar con color ya no necesitas la base, así que tienes un 2×1 de manual.

En esta etapa de tu vida tu piel está impecable, no hay una necesidad inminente de usar una **base de maquillaje;** sin embargo, si insistes en utilizarla, te pido que la emplees sólo para difuminar alguna imperfección y, en el caso de tener acné, disminuye la cantidad al mínimo posible; de lo contrario, harás que se vea aún más; además, asegúrate de que sea del tono de tu cara y cuello para que no se vea falsa.

Pruébala con luz de día y pide que te den muestras para casa. Ésta es una excelente forma de elegir la perfecta para ti o colócate un poco y ve con cuál luces mejor, así de fácil.

¿Cómo es una buena base para ti?

- No debe ser comedogénica, esto es, que no te produzca más granitos.
- Ligera. Evitará que se vea una plasta falsa. Quieres maquillar tu rostro, no resanar una pared... pasa más seguido de lo que crees.
- Matificante. Eliminará el brillo provocado por la grasa natural de tu piel.
- Tono adecuado. Lo más natural es lo más bonito.
- SPF (protector solar). Nunca sobra complementar con un buen protector solar
- Dispensador. Cuanto menos esté en contacto con tus manos o el aire mejor, así no se contamina.

Coloca tu base con...

- Brocha: puedes utilizar una brocha lengua de gato o mofeta, que sirven perfecto para colocar tu base.

  Usa movimientos muy suaves de arriba abajo y listo. No necesitas demasiado, así que utiliza poca; si abusas puedes verte falsa y eso ni tantito va contigo.
- Dedos: coloca la base con movimientos hacia abajo y muy rápido. ¡Recuerda lavarte las manos antes!
- Aplicador: en tu aplicador coloca la base y, sin presionar demasiado (ya que puedes dejar el producto en la esponja y no en tu piel), espárcela por tu cara con movimientos hacia abajo y listo.

  Cada vez hay más tipos de aplicadores, los más comunes y baratos son los llamados "quesitos" —triángulos de espuma—, pero también hay algunos con distintas formas como de gota, pizza o cuerno de unicornio.

MÁSCARA DE PESTAÑAS

Si tus pestañas son largas sólo necesitas darles una pequeña curva con tu enchinador para pestañas o cuchara.

La misma brocha de la máscara te puede dar esa curva si tus pestañas tienen una dirección ascendente. Si no es así, también saliendo del baño con tus dedos direcciónalas hacia arriba, poco a poco tomarán un curso ascendente.

OJO: el enchinador es más sencillo de usar. Así que, si lo eliges, presiona levemente y con cuidado; trata tus pestañas con cariño —sin tanta fuerza— y asegúrate de que la gomita esté en buen estado; en caso contrario, ¡puedes llegar a cortar tus pestañas!

BÁLSAMO HUMECTANTE PARA LABIOS

Hay tantas calidades, tipos, formas, sabores, colores —incluso hay medicados—, que puedes ir probándolos hasta encontrar uno a tu gusto.

Eso sí, recuerda tener uno siempre a la mano; los labios secos pueden agrietarse y sangrar, y créeme cuando te digo que duele mucho: ¡arde!

MAQUILLAJE DE FIESTA

1. **Base.** Coloca tu base de siempre.Puedes ponerte una o dos capas; esto hará que te dure un poco más. Recuerda usar pequeños golpecitos para colocarte la segunda capa y no llevarte la primera. ¡Júntate conmigo!
2. **Delineador de ojos (opcional).** Si ya es una fiesta, es totalmente válido ponerte delineador, esto hará que te veas diferente; aumentar uno o dos pasos de maquillaje para una fiesta le da importancia al evento y llevas algo distinto, ¿te late?
3. **Pestañas.** En este rubro colócate mucha, mucha máscara; conseguirás unos ojos de fiesta y, si no quieres llevar delineador, esto te va a complementar muy bien; aunque usar ambos también se vale.

4. **Rubor.** Lleva este con un poco de brillo/glitter para noche y mate en el día, ¡mmmm!

5. **Labial.** Elige un tono suave si llevas mejillas y ojos marcados. Así tu boca no compite, o lleva unos labios impresionantes si no usas más colores. El equilibrio es el secreto.

Recordemos las palabras del maquillador François Nars: "Cuando el ojo hace una declaración, los labios deben callarse"... y viceversa.

LOS SÍ Y LOS NO DEL MAQUILLAJE

SÍ	NO
· Un maquillaje siempre se verá muy lindo en una piel sana.	· Cuando veas que tus pestañas tienen grumos, ¡ya te pasaste! Retíralos con las yemas de tus dedos, de manera suave.
· Que nadie note que lo llevas.	· Colocarte mucho rubor y hacerte una raya en las mejillas ¡es antiguo!
· Usar tonos naturales en los labios.	
· Los tonos rosas suaves, beige, vainilla son perfectos para ti.	· Usar demasiado brillo, sombras, rubor y labial con brillo, ¡fatal!
· Inicia aprendiendo con tonos neutrales.	· Usar delineador líquido para tu imagen diaria. Dejémoslo sólo para las fiestas.
· Pide ayuda a los profesionales. Si tienes la intención de maquillarte de manera más especializada, ¡lánzate a un curso!	· Llevar demasiado color. Usa de menos a más; a tu edad es casi nulo el color.

UÑAS

Las uñas hablan del cuidado que tienes con tu persona. No es necesario hacerse manicure todas las semanas, pero sí traerlas limpias y arregladas.

Una uña femenina es aquella que...

- No está mordida.
- Tiene un largo natural y te deja "maniobrar" en tu vida.
- No tiene hongos (infección).
- Está recortada o limada.
- Usa esmaltes en tonos pastel, rosas, lilas, algún tipo francés o de plano al natural para el día a día.
- Ocasionalmente lleva alguna calcomanía divertida o decoración de temporada (verde, blanco y rojo en septiembre, un árbol de navidad en diciembre, etcétera). Diviértete con ellas.
- Guarda los colores oscuros o decoraciones pesadas para ocasiones que los merezcan.

LAS UÑAS EN LOS CHICOS

Y, ¿tú? También puedes llevar las uñas con color, pero antes de ponerte creativo piensa en estos factores que harán de tus uñas una obra artística, o no...

Exprésate con tus uñas, es una forma de comunicarte. Lleva tonos que digan algo que visualmente te agrade: amarillo, verde, azul, negro, gris, morado, etcétera.

Recorta tus uñas y límalas, dando un contorno a tu gusto: cuadradas, ligeramente angostas o curveadas; esto hará que luzcan estilizadas.

Cuando el esmalte comience a romperse o desincrustarse es momento de usar quitaesmalte y retirar el color; de lo contrario, tus manos se verán tristes y poco cuidadas.

Es importante que no te comas o muerdas las uñas. Hacerlo con frecuencia puede hacer que tus dedos se vean deformados y el barniz lucirá muy poco.

Si decides colorear tus uñas, ponte crema en las manos; así, manos y uñas harán un *match* perfecto. Siempre adquiere productos de calidad, los barnices baratos pueden llegar a manchar tus uñas. Te recomiendo barnizarlas una semana y suspender dos, así les permites descansar del color.

Las uñas masculinas se ven, ¡así…!

- Recortadas. Todas las uñas, ¡todas! Las veinte, por favor, y sobre todo la uña del dedo chiquito, ¡todas se recortan!
- Con el filo regular. Si las muerdes te verás nervioso, y está bien si lo estás, ¡pero que tus uñas no te delaten!
- Sanas. Si tienes algún hongo o el color de alguna uña cambió, por favor avisa y ve con un especialista; eso no es normal.
- Limpias. Por abajo y por arriba.
- Con esmalte (opcional). Usa un color claro para el día a día y en un tono fuerte para fiestas.
- Decoradas (también opcional). Las calcomanías hay que guardarlas para eventos informales, ¿va?

¡ESA BARBA! ¡BARBAS A MÍ!

Estás en la edad en que tu barba empezará a salir y como apenas inicia su crecimiento puede que el resultado no sea lo que esperas… Es más, normalmente crece en todas direcciones e incluso por parches; será un trabajo diario encauzar todos y cada uno de tus nuevos pelos para que luzcas presentable. Por lo tanto, sigue las siguientes indicaciones:

Corta tu barba, ¡así!
Prepara tu piel para la masacre, digo, para ¡rasurarte!

- Hidrátala, puedes hacerlo después del baño, así tus poros estarán abiertos y será más gentil con tu piel.

- Si tienes tiempo, quita las impurezas de la zona. Antes de rasurarte lava tu cara y, si puedes, exfóliala.
- Ahora puedes colocar un gel, jabón o espuma para afeitarte. ¡Qué nervios!

MOMENTO DE RASURARTE

- Afeita con un rastrillo de hojas múltiples o de una solo hoja, es a tu gusto. Sólo cuida que se encuentren en buen estado, no rotas ni oxidadas.
- Empieza con las partes más lisas o largas, pero siempre con movimientos cortos, no hay prisa, hazlo suave.
- Puedes estirar tu cuello para que el rastrillo se acomode mejor y no sufras ningún corte.
- Procura siempre rastrillar de arriba abajo. No te preocupes del nacimiento de tu vello, lo que necesitas es llevar un orden.
- Es ideal que, con cada corte, limpies tu rastrillo: cortas y lavas, cortas y lavas, esto hará que las navajas trabajen mejor.
- Ahora sí, ¿terminaste de quitar tu bello vello? Pues llegó el momento de lavar con un poco de agua tibia.
- Termina con agua fría, ayuda a cerrar tus poros.
- Seca tu cara con golpes suaves y pequeños; no talles tu cara con la toalla.
- Por último —y créeme, a menos que quieras que tu piel se manche y quede más seca que el Sahara—, es mejor evitar colocarte alcohol después de afeitarte, ni loción, nada de eso.

LOS NUNCA DEL RASTILLO, NO TE EMOCIONES...

- Si tienes granitos purulentos no te rastrilles, pues puedes ocasionarte una lesión más grande. Sólo recorta el cabello de esa zona; hasta que tu piel no haya sanado, evita las navajas.

- Afeita el cuello. De no hacerlo, tu cara lucirá sucia, tu imagen estará desaliñada y no te verás limpio.
- Evita rastrillarte el entrecejo, te puedes hacer cortes indeseables. Además, visualmente quedarás con "una belleza muy extraña" si lo cortas al tamaño del rastrillo, o sea, ¡fatal!
- Si decides cortar las cejas del entrecejo, quita sólo un poco para que dé balance a tu cara, no las separes demasiado. A ver, haz la prueba. Siempre puedes ensayar cómo te quedaría en un programa de edición antes de meter navaja; eso te evitará dolores de cabeza o pena ajena.
- Tu pecho, abdomen y espalda no se rastrillan, sólo se recortan. Cuida tu piel. ¡Ah!, tampoco los glúteos… ¡Más vale decírtelo!
- Usar un rastrillo en tu zona íntima hará que cuando crezca el pelo nuevo te pique; es mejor evitar ese infierno. La mejor opción es una máquina de afeitar o acudir con un especialista que lo haga por ti, si así lo decides.

> **TE CUENTO QUE…**
> Según la teoría de lectura de rostro, es bueno mantener libre de vello la zona del entrecejo, ya que el cabello que nace aquí hace que generes muchas ideas y no descanses. Inténtalo y luego me platicas, ¿va?

CEJAS MASCULINAS

Las cejas son parte fundamental de tu cara y debes cuidarlas, peinarlas y recortarlas; éstas, como cualquier otro pelo de tu cuerpo, crecen, sí, crecen. ¿Te has fijado que algunos caballeros muy adultos tienen cejas largas; es más, hasta en la nariz y orejas les crecen esos "pelos". Deben desaparecer, ¡iug!

CEJAS FEMENINAS

Chicas ¡por favor, por favor, por favor!: no se adelgacen las cejas.

También es mejor evitar darles formas geométricas (no somos Picassos). Sacar algunos pelitos que cubran el parpado móvil y deshacernos de los del entrecejo es suficiente para mantener un rostro agradable a la vista. Coincido con que la uniceja te da personalidad, pero siempre parecerás enfadada y puedes alejar a los demás sin que sea esa tu intención.

MI HIGIENE PERSONAL

Los hábitos de higiene personal son imprescindibles en todas las etapas de la vida para evitar problemas de salud, vernos y sentirnos bien. Pero, ¡aguas!, en la adolescencia es un tema que debes cuidar mucho, ya que es precisamente en esta etapa cuando inician procesos hormonales que cambian tanto tu aspecto físico como tu metabolismo.

Por poner un ejemplo: los chicos transpiran más y empieza el proceso de la menstruación para las chicas. ¡Estos cambios implican olores! Sí, leíste bien, ¡tu cuerpo empieza a generar olores no tan agradables! Por eso, dedicarle tiempo a tu higiene te brindará mayor seguridad en tus relaciones sociales y en tu bienestar personal.

Recuerda que una gran imagen empieza por la higiene. Así que revisa estos aspectos para mirarte, olerte y sentirte muy ¡agradable!

DIEZ IMPERDIBLES DE TU HIGIENE

1. Baño diario: báñate con jabón neutro o blanco que no contenga perfume ni ingredientes que pudieran ocasionarte una dermatitis (inflamación de tu piel). Después de una actividad extenuante lava tu cuerpo, no dejes que ningún germen se quede en ti y genere enfermedades. ¡Al agua!
2. Dientes impecables. Al levantarte lava tus dientes, así como después de cada alimento; usa hilo dental para mantener dientes y encías saludables. Visita a tu dentista mínimo dos veces al año. No les temas a los aparatos, si los necesitas mejorarán tu sonrisa y valdrá la pena, te lo prometo. ¡Sonríe!
3. Cabello limpio. El cabello se lava diario. A menos que no hagas mucho ejercicio, un día sí y un día no. Usa champú y acondicionador si tu cabello lo requiere. El agua fresca revitaliza y mejora la circulación sanguínea. Por cuestiones ecológicas evita los baños prolongados y disminuye el agua muy caliente, puede resecar tu piel. ¡Ups!
4. Péinate. Una imagen agradable se acompaña de una cabellera arreglada. Peinarte te hace ver PULCRO, te ves mejor. ¡Más fácil, imposible!
5. Usa desodorante. En la adolescencia los cambios hormonales ocasionan olores con los cuales no vivías; por eso, después del baño, aplícate desodorante en las axilas secas y talco en los pies —incluso es bueno que lleves un desodorante en tu mochila para emergencias—; y si te huelen los pies, ¡ve directo al podólogo! Este especialista te ayudará a matar las bacterias causantes del mal olor. ¡Contra ellas!
6. Uñas sanas. Las uñas van recortadas, ¡TO-DAS! ¿Me escucharon, chicos? Si crecen demasiado largas e irregulares, pueden volverse afiladas, dentadas y peligrosas. Así que a recortar todas, ninguna debe ir más larga que otra.
7. Manos limpias. Lávate las manos después de ir al baño y antes de comer, tocarte la cara y al llegar a casa. Es primordial mantenerlas limpias para evitar la proliferación de gérmenes causantes de enfermedades. ¡Manos a la obra!
8. Ropa pulcra. Toda tu ropa, interior y exterior, debe estar limpia. ¡Diario! No sólo la que está en contacto con tu piel, toda, por favor. Esto te hará ver perfecto, de aspecto cuidado y aseado. ¡Misión posible!

9. Si decides usar perfume, rocíalo sobre la ropa o en partes de tu cuerpo cubierta por ésta; en todo caso, "encueradito", y después te tapas. El efecto del sol sobre una piel perfumada puede detonar el brote de manchas y no queremos eso, ¿cierto?

10. Dolor, molestia o incomodidad. Si observas en tu cuerpo un cambio físico anormal o presentas algún tipo de dolor o molestia, habla con tus padres, ¡no lo dudes! Si requieres ayuda médica o psicológica, pídela. ¡Se vale!

11. Exfoliantes. No te fíes de todo lo que dicen las revistas de adolescentes ni internet. Mejor acude a un dermatólogo que te pueda recomendar exfoliantes adecuados para ti (naturales o especializados). ¡Tu piel es igual de especial que tú!

PULCRO.
Limpio, ordenado, libre de suciedad e impurezas, bien presentado.

DEPILACIÓN PARA UNA HIGIENE MÁXIMA ¡DE PELOS!

Esta técnica se usa para quitar todo tipo de vello que no te guste o te haga lucir un cuerpo poco armónico. Hoy en día hay muchos métodos de depilación que puedes utilizar. Conoce todos y decide cuál te conviene. Recuerda siempre acercarte a los profesionales de la estética.

- **Cera.** Es la más fácil de usar y la más económica. La cera, o resina, se derrite hasta conseguir una consistencia fluida, luego se deja enfriar un poco hasta que se sienta tibia al tacto; entonces se coloca en las partes que se quiere depilar y se deja enfriar (sólo un poco, evita dejarla endurecerse) para luego jalar de manera vigorosa. ¡Listo!, ya no hay pelos. Pero… me sentiría culpable si no te aviso: va a doler las primeras veces, así que prepárate.
- **Láser.** Este método elimina el vello de forma permanente y consiste en aplicar una emisión lumínica en la zona; el folículo piloso se debilita hasta desaparecer. Por favor, sigue las instrucciones que te den en la clínica, o podrías manchar tu piel y la solución se convertirá en un problema.
- **Con hilo.** Éste es un procedimiento completamente natural que se realiza con un hilo de algodón o seda; consiste en jalar la ceja desde su raíz hasta hacerla desaparecer con el tiempo (con profesionales y en cabinas especiales, por favor).
- **Cremas.** Es el método más fácil, práctico e indoloro. El producto se vende en los supermercados; son muy recomendables siempre y cuando no tengas problemas en la piel. Sigue las instrucciones del empaque o de tu dermatólogo y ¡pide ayuda a un adulto!
- **Rastrillo.** Es un método práctico, pero debes tener cuidado en no irritar la piel o provocar una cortadura. Pasa el rastrillo en la zona donde deseas eliminar el vello, y listo. Si tienes dudas, pregunta cómo hacerlo a alguien con más experiencia. Recuerda siempre que estás aprendiendo a cuidarte y tener dudas es normal, sólo busca una fuente fiable; y, de nuevo, no hablo de internet. **¡PAPÁÁÁÁ!**

¿QUÉ PARTES SE DEPILAN? (a VECES SÍ, A VECES NO)

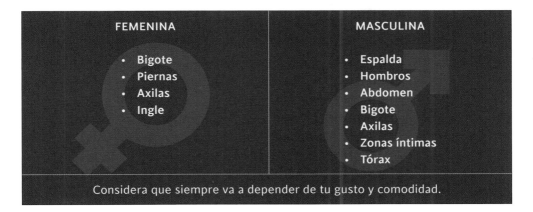

FEMENINA	MASCULINA
• Bigote	• Espalda
• Piernas	• Hombros
• Axilas	• Abdomen
• Ingle	• Bigote
	• Axilas
	• Zonas íntimas
	• Tórax
Considera que siempre va a depender de tu gusto y comodidad.	

Recuerda que, en el vello, siempre existirán bacterias, que son las que detonan el mal olor. Actualmente llevarlo es una decisión personal y cultural, es tu cuerpo, tus olores, tu decisión. Si decides no eliminarlo debes lavar perfectamente el área, además de colocarte desodorante cuando tu axila esté bien seca. Siguiendo estas sencillas instrucciones, el mal olor se eliminará. En esta etapa puedes llegar a bañarte más de una vez al día; recuerda ser breve y preciso. Como dirían Katara y Korra: "¡Agua control!".

LOS SENTIDOS DE LA IMAGEN

Algo fundamental para tener una buena imagen es cuidar de ti, prevenir enfermedades y estar al pendiente de tu salud; por ello, hagamos un ejercicio para saber cómo te sientes.

- **Vista.** Procura ir cada año con el oftalmólogo. Este control te permitirá mantener tu salud visual. Si usas lentes, trátalos con cuidado, son una extensión de tu vista. Además, tus padres lo agradecerán.
- **Olfato.** Si con frecuencia padeces de gripa o enfermedades respiratorias, acude a tu médico familiar, puede ser algo más grave que

una simple gripa; además, eso de traer la nariz roja y con mocos todo el tiempo, ¡Iug!

- **Oído.** Si notas que gritas al hablar o pides que te repitan la información, te sugiero hacerte un chequeo de oídos, una prueba de audición para saber si padeces pérdida auditiva... O si necesitas una limpieza profunda ¡te sorprenderá saber lo que un tapón de cera puede afectar tu audición! Al otorrinolaringólogo; a ver: ¡dilo rápido!
- **Gusto.** Este sentido se encuentra en la lengua donde están los botones gustativos que permiten identificar los sabores. Evita ingerir alimentos muy calientes o fríos y lávate los dientes al menos cuatro veces al día. ¡No pierdas el gusto!
- **Tacto.** Ya te conté que tu piel es el órgano más grande de tu cuerpo. A través de ella el cuerpo nos avisa de malestares e incluso delata nuestras emociones: transpiramos cuando estamos nerviosos, si sentimos vergüenza nos ponemos colorados y ciertos estímulos nos provocan "piel de gallina". A tu edad, las hormonas afectan tu rostro —y algunas otras partes de tu cuerpo— con acné. Así que necesitas cuidarte de pies a cabeza: mantén hidratada tu piel con una buena crema (medicada por tu dermatólogo) y evita exponerte al sol durante periodos prolongados. Recuerda que el bloqueador solar en cuerpo y cara puede ser un gran aliado para evitar manchas y arrugas en el futuro. Tu piel tiene memoria (además de enfermedades).

TE CUENTO QUE...

Es importante que ayudes a tus padres a cuidar de tu salud; es tu cuerpo y eres responsable de él. Habla con ellos sobre los cambios que se te van presentando. Son tus guías y te aman, por no decir que ya pasaron por esta etapa en la que te encuentras. Así que te ayudarán con mucho gusto. ¡Pregúntales!

Y ya que hablamos de piel... consideremos los **tatuajes.**

Los tatuajes tienen un origen prehispánico que nos remite a imágenes de personajes, objetos, frases, leyendas o simplemente signos y símbolos con significados muy personales para quien los porta. Entre los mayas cada tatuaje simbolizaba una víctima sacrificada por el portador; cuantos más tatuajes, más valientes... De ahí la connotación violenta o agresiva que solía acudir a la mente de muchas personas al ver a alguien tatuado.

CUÉNTAME...

¿Qué piensas de los tatuajes? ¿Crees que son buenos a tu edad? ¿En qué parte de tu cuerpo estás pensando? ¿Ya lo hablaste con tus padres? Recuerda que un buen tatuaje es muy caro y requiere muchos cuidados hasta que sana del todo.

Hoy en día, esta impresión ha cambiado mucho; ahora los tatuajes tienen otro significado: recuerdan fechas importantes, a una persona amada, un animal querido... Lo importante aquí es entender que un tatuaje es una decisión sumamente personal e importante; recuerda que te acompañará toda tu vida. Sí, incluso si tratas de borrarlo, ésta es una práctica muy dolorosa, costosa y suele dejar una cicatriz que nunca desaparecerá por completo. Tatuarte es y debe ser un acto muy bien reflexionado... lo portarás toda tu vida.

SI QUIERES UN TATUAJE PIENSA QUE...

- No podrás quitarlo nunca en su totalidad, deja marcas o cicatrices.
- Si decides aplicarte uno, espera a tu mayoría de edad. Como tu cuerpo es tu responsabilidad, si te equivocas que sea por ti, no por nadie más.
- El tatuaje debe ser aplicado por profesionales, ellos se encargarán de que te duela lo menos posible, que las agujas sean nuevas y la tinta de la mejor calidad posible. Un profesional siempre va a querer que regreses, así que se encargará de que tengas la mejor experiencia posible durante el proceso. Investiga bien tanto al tatuador como al estudio antes de hacer una cita.

- Piensa si lo que quieres tatuarte no tendrá repercusiones sociales que afecten tu persona. Nadie quiere llevar el nombre de su ex en el cuerpo, ¿cierto?
- Ya tienes más de 18, y ya decidiste que sí o sí te quieres tatuar. POR FAVOR, sigue las indicaciones de tu tatuador, ¡no querrás arruinar su trabajo ni desperdiciar tu dinero!
- Si tienes alguna condición médica como plaquetas bajas, problemas dermatológicos o diabetes... consúltalo con tu médico antes de tomar cualquier decisión. ¡Tu salud es lo más importante!

¡AUUUUUUU! LA LUNA LLENA YA ESTÁ AQUÍ, PERO NO QUEREMOS CONVERTIRNOS EN LICÁNTROPOS

Hablar de la cantidad de cabello que debemos o deberíamos tener se remonta a la época de las cavernas; en ese entonces era necesario estar llenos de pelos por todos lados —literalmente—, para proteger la piel de las inclemencias climáticas. Pero nuestro cerebro evolucionó y comenzamos a usar ropa, lo que ocasionó que el vello corporal fuera disminuyendo en densidad y cantidad, poco a poco, hasta llegar a nuestros días.

En nuestro cuerpo hay zonas que nos gusta mantener con más o menos cabello. Aunque cubrimos casi todo nuestro cuerpo con distintas prendas —y en su mayoría, depilamos la piel que nos gusta mostrar—, tendemos a respetar nuestro cabello, ya sabes, esa corona natural sobre tu cabeza que te caracteriza y brinda personalidad, que habla de ti sin palabras y al que procuras mantener sano y brillante para que te brinde seguridad, ya sea con un corte a tu medida o un peinado que te favorezca, ¿verdad Mulan... o debería decir Ping?

Para nuestra especie es importante mantener nuestro rostro descubierto; tu cara es tu carta de presentación ante el mundo. Por esto debes cuidarla, pulirla y dejarla ver muy bien para que te recuerden. Eres inolvidable, ¡ajúa!

INICIEMOS CON TU CARA

PARA ELLAS

- ¡Nuestras cejas expresan demasiado!, así que es mejor tocarlas lo menos posible. Deja que enmarquen tus ojos de forma natural, sólo retira aquellos pelitos que tapan tu parpado móvil (la parte de abajo). Cuando seas mayor y decidas depilarlas, recurre a profesionales de la belleza; por el momento vamos a limitarnos a quitar excesos.

- Ya sé que dije que no hay que tocar mucho esa zona, pero, aquí entre nos, es mejor evitar la "uniceja" —o sinofridia, que es el nombre científico—; estéticamente hablando, la mejor altura para que tus ojos se vean despejados y tus ideas fluyan con mayor facilidad es la de tu lagrimal interior.

- Vamos con las patillas: hay que mantenerlas a buena altura, la mejor es poquito arriba de la mitad de tu oreja.

- ¡Y hablando de enmarcar cosas!: tu sonrisa no necesita ese bellito por encima. Los bigotes es mejor dejárselo a los chicos; además, una vez fuera, tu rostro lucirá limpio y tu cara más fresca...

PARA ELLOS

- Durante la adolescencia el cabello empezará a salir por toda tu cara y cuerpo. ¡Es normal, tranquilo!

- Al igual que las mujeres, evita la uniceja (no queremos burlas). Sólo elimina el exceso piloso de tu cara para enmarcar frente y ojos. ¡A todos nos atrae una mirada sexi, no la arruines con vellitos extras!

- El balance de tu cara lo dan las patillas: si las dejas muy largas lucirás antiguo y acortarás tu rostro. Lo visualmente agradable son hasta el trago —a mitad de la oreja—, así se llama esa parte de tu oreja, ¡salud!
- Si quieres dejarte crecer el bigote y la barba debes cuidarlos, pues un crecimiento silvestre denota descuido. Aunque en esta etapa de tu vida lo mejor es rasurarse; lucirás limpio y armónico con un rostro libre y probablemente te ahorres problemas con las autoridades escolares (revisa el reglamento antes de tomar cualquier decisión). ¡Eres guapo! Déjate ver… ¡Créeme, no quieres lucir como Cantinflas!

MANTENIMIENTO DEL CABELLO

El cabello crece alrededor de un centímetro por mes. Si lo quieres dejar crecer córtalo cada dos meses, así eliminarás las puntas secas o dañadas y ganarás una cabellera sana y bella, la-la-la-la. La siguiente reflexión sobre los tintes va para los chicos y chicas.

¡JUGUEMOS CON LOS COLORES!

1. Mantenimiento. Todo tinte tiene químicos y éstos a la larga afectan tu cuero cabelludo y cabello. Además, debes retocarlo con regularidad, ya que, al crecer, la raíz se verá de otro tono y hay que volverlo a pintar y así, y así, y así, y así, y así…
2. Tiempo. El tinte conlleva un proceso de aplicación y por lo menos tendrás que dedicarle un par de horas a la semana o a la quincena para retocarlo. Piensa si realmente tienes ese tiempo o si deseas invertirlo en eso.
3. Dinero. No menos importante es la inversión que debes hacer para conseguir buenos productos. ¿De verdad lo pintarás sin falta? ¿Cuentas con el dinero mensual para ello?

4. Cuidado. Voy a insistir con los especialistas. Si es la primera vez que cambiarás el color de tu cabello, ve con un estilista para que veas todo el proceso; también recuerda que antes de usar cualquier clase de peróxido o tinte necesitas probar un poco en alguna zona de tu cuerpo que no se vea. ¡Que se te hinche la cabeza no es la mejor forma de descubrir una alergia! Si no me crees, busca en YouTube, hay muchos principiantes que han documentado esta catástrofe.

Voy a ser muy clara con esto: no estoy en contra de los colores en el cabello; por el contrario, ¿verdad, Jose?

Pero es mi deber, como consultora, advertirte sobre todo lo que este cambio significará en tu vida: necesitarás invertir una buena cantidad de tiempo y dinero para mantenerlo de la forma en que lo quieres tener.

De lo contrario dejarás que el color se desgaste para lucir triste en lugar de conservar los tonos vibrantes del primer día; así que ¡mantén el color en tu vida (y en tu cabello)!

¡CUIDADO!

El cabello es, sin duda, el mejor marco que tu cara puede tener. Sácale provecho cuidando todos los detalles: mantenlo limpio para evitar en lo posible brotes de acné o bichitos. ¿Cómo es que el cabello sobre nuestro rostro produce acné?

Pues se debe al aceite natural que todos generamos dentro de cada glándula sebácea en nuestra piel; cuando el sebo que producen se junta con las células muertas y los contaminantes microscópicos que flotan por todos lados, nuestros poros se bloquean, lo que genera más y más espinillas.

Además, para peinar nuestro cabello solemos usar productos que se van cayendo a lo largo del día y que se juntan a esta mezcla microscópica en nuestro rostro. Por eso tenerlo sucio o dejarnos maquillaje por mucho tiempo o comer alimentos muy grasosos… pueden hacer que un pequeño granito se convierta en un volcán en la punta de nuestra nariz. ¡Ahhhhhhh!

REQUERIMIENTOS MÍNIMOS PARA UN EXCELENTE CORTE

MUJERES	HOMBRES
• Descubre tu cara. ¡Gana la guerra a las espinillas! • Deja ver tus ojos. • Descubre tus orejas. • Usa patillas a tu proporción. • Debe ser practico para ti: rizado si es rizado, y lacio si es lacio.	• Descubre tu cara ¡Dile NO al acné! • Deja ver tus ojos. • Descubre tu frente y deja la nuca limpia. • Destapa tus orejas. • Usa patillas a tu proporción. • Que sea practico para ti.

EVITA LAS LUCHAS INÚTILES

No pelees contra la naturaleza, siempre acabará derrotándote. Si tu cabello es rizado o lacio, busca un corte que resalte esas características. Todos los tipos de cabello son hermosos; conoce las cualidades del tuyo, hazte cómplice de tus atributos y disfrútalo.

¡CEPILLOS Y PEINES AL AGUA!

Estas herramientas son de uso personal y por ningún motivo debes prestarlas. Al final, en ellos se concentran todas las células que tu cuero cabelludo desecha y que, al combinase con el polvo y otros agentes externos, podrían generar hongos y bacterias. Sigue los siguientes tips para mantenerlos limpios:

- Retira el exceso de pelos cuantas veces sea necesario.
- En un pocillo con agua tibia vierte un poco de champú, vinagre o alcohol. Déjalos remojar en esta solución por unos minutos y listo, a ¡usarlos!

¿TE ESTÁS RASCANDO LA CABEZA…? ¡PIOJOS, ¿YO?!

Déjame decirte que nadie está exento de tener una plaga de estos bichitos en la cabeza. ¡Mejor me cuido! Al primer síntoma de comezón, corre al espejo y observa que no tengas ningún cuerpo pequeñito en tonos café o gris caminando por ahí —lucen como una semilla de sésamo—. Si los tienes, ¡son piojos! Estos parásitos se alimentan de sangre y les encanta vivir en un lugar caliente; entre otros, en la cabeza humana.

SE VALE GRITAR, PERO HAY QUE SOLUCIONAR:

- Avisa inmediatamente a tus padres y maestros, ya que se propagan rápidamente.
- Nunca prestes tus artículos personales, como cepillos, peines, pasadores y gorras. Con la pena, pero ¡nada! ¡Tampoco pidas prestado!
- Extrema la limpieza: sábanas, colchas y almohadas al agua caliente. Si bien sólo viven dos días, al encontrar un hábitat agradable se reproducen rápido. ¡Ay, mamacita!
- Acércate a los profesionales. Acude con tu médico y sigue las instrucciones al pie de la letra. ¡Ya!

¿POSTIZOS?

¿A tu edad? ¡Hay que saber elegir! No necesitas ningún tipo de postizos, pero si te los quieres poner, ¡vamos a hacerlo bien! Tienes una gran piel, un cabello sensacional y un organismo perfecto. Por eso sé inteligente al elegir cuándo, cuáles y cómo usarlos; actualmente la moda es más natural. Lo esencial está dentro de ti; sin embargo, hay ocasiones que lo ameritan.

PESTAÑAS POSTIZAS

Hay de todo tipo y color, así que busca que sean proporcionales a tus ojos y no exageradas: esto es superimportante. En el momento en que alguien descubra que las traes puestas, debo decirte que hay que volverlo a intentar.

El secreto de los postizos consiste exactamente en **que nadie se dé cuenta de que los llevas.** Te presento los tipos de pestañas más comunes. Recuerda que cuanta más calidad, mayor será su precio:

- **$ De tira:** son naturales y el mismo pegamento que usas para ponértelas te sirve como delineador de ojos; por lo tanto, con las pestañas postizas ya lucirás maquillada. Son las primeras que se inventaron, así que estoy segura de que alguna de tus abuelas las utilizó en su juventud. Y ¿qué crees? ¡Se siguen ocupando! Son prácticas y —si te las sabes poner— se ven muy naturales.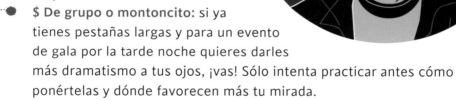

- **$ De grupo o montoncito:** si ya tienes pestañas largas y para un evento de gala por la tarde noche quieres darles más dramatismo a tus ojos, ¡vas! Sólo intenta practicar antes cómo ponértelas y dónde favorecen más tu mirada.

- **$$$ De una en una:** si estás invitada a una fiesta que va a durar VARIOS días, este tipo de pestañas son tu mejor opción. Eso sí, ten cuidado de no abusar con el tiempo, porque se empezarán a empalmar y se ven superfalsas. Igual que el cabello pintado estas pestañas requieren mantenimiento que tiene un costo importante; piensa en eso.

¿Cómo saber cuáles usar? Fácil, reconoce el evento: unas pestañas ligeras para eventos matutinos y las espesas para la noche. Sin embargo, trabaja en el largo y la extensión de la tira de pestañas —debe ser del largo de tu ojo, si se pasa, tu ojo se verá caído—, o conseguirás una mirada pequeña y triste.

Ahora, necesito que consideres si realmente quieres usarlas, porque, como todo, aunque hagan que tus ojos se vean grandes y tu mirada mucho más llamativa, también:

✗ Son incómodas.

✗ Después de horas te pesará el ojo.

✗ Necesitas practicar hasta lograr ponerlas con habilidad; si no, harás un desastre en tus ojos el día de la fiesta.

✗ Ármate de paciencia si quieres ponértelas sola. Te recomiendo que alguien te ayude.

OPERACIONES ESTÉTICAS

Las operaciones estéticas son todo un tema a analizar. Así que te pido, por favor, que pienses bien en todo lo que un cambio estético implicará en tu vida, tanto a nivel físico como psicológico.

Permite que me explique mejor. Durante estos años tu cuerpo y tu mente se están formando, eres un proyecto en constante cambio, tu cuerpo se desarrolla lentamente; al mismo tiempo, tus gustos, pasatiempos y criterios cambian o se reestructuran más rápido de lo que te das cuenta. ¡Estás descubriendo quién eres en realidad y quién deseas ser! Lo que para ti hoy es una nariz grande y aguileña, con el paso del tiempo te puedes dar cuenta de que es linda y diferente; aquello que antes te parecía desagradable, mañana se puede convertir en tu sello personal, por lo que la gente te identifica y quiere.

No quiero estigmatizar las operaciones estéticas, no se trata de eso. Sólo te pido que esperes a que tu cuerpo y mente terminen de desarrollarse para que no te arrepientas de haber tomado una decisión precipitada, y que, si decides dar ese paso, entiendas cuáles son los motivos reales que te llevaron a tomar esa decisión. Hay que admitir que no todo es por capricho, hay cirugías que entran en lo "estético", pero que son necesarias por cuestiones de salud.

Ahora bien, si llevas muchos años pensándolo, ya hablaste con tu familia, doctores y terapeutas y, a pesar de ello, deseas continuar con el proceso, llegó la hora de tomar una decisión. La ciencia y la tecnología se hicieron para eso y puedes encontrar grandes médicos y procedimientos e implantes de última generación que te ayuden a conseguir tu objetivo. Eso sí, siempre con cuidado y luego de preguntar e investigar mucho.

Te voy a hablar de algunas cosas que debes considerar sobre las operaciones estéticas:

- **Habrá cicatrices:** toda operación deja cicatriz, imposible que no suceda.
- **Pueden ser reversibles:** algunas operaciones pueden ser reversibles, otras no, pero en ambos casos tienen un costo económico y emocional; piensa muy bien en estos dos factores.
- **Sólo los profesionales deben hacerlas:** el cirujano plástico debe estar registrado y ser miembro de la asociación de cirujanos plásticos de tu país. Asegúrate de esto para evitar fraudes, desilusiones o desastres en tu cuerpo y tu salud.
- **Observa:** es totalmente valido que veas cómo trabaja ese doctor y los resultados. Si quieres operarte la nariz, investiga sobre el trabajo y los resultados del cirujano en ese campo específico; busca reseñas, ve recomendaciones y visita a varios doctores antes; si quieres operarte algo más, repite el proceso.
- **Analiza.** Medítalo con tus padres y doctores qué quieres modificar, las razones y cómo te pueden apoyar para tomar la decisión adecuada.

¡TIENES DERECHO A LA SALUD!

Y lo voy a repetir hasta que te lo creas: ¡cuidarnos es importante! No me gusta, pero hoy vivimos una vida tan demandante que olvidamos con mucha facilidad asegurarnos de que las personas que queremos se encuentren bien. ¿Cuándo fue la última vez que hablaste con alguno de tus padres sobre su salud? ¿Con tu primo favorito? ¿Con tu mejor amigo? Los humanos somos seres sociales, esto significa que necesitamos los unos de los otros; si te sientes mal, si notas que algo no va como debería en tu cuerpo o tu mente, ¡pide ayuda!

Quienes te aman estarán ahí para ti y, si lo necesitas, te acompañarán con algún especialista. ¡Confía en tu criterio y en el de ellos! **Y adivina qué: ¡los especialistas quieren ayudarnos!**

Por mucho que busquemos ayuda y que nuestros seres queridos quieran brindárnosla, no va a servir de nada si no sabemos a dónde acudir para cada problema, así que te dejo una lista con los especialistas más comunes que necesitarás en esta etapa de tu vida:

- **Dermatólogo:** se encargará de cuidar todo lo que tenga que ver con la salud de tu piel, cabello y uñas, ¡dale!
- **Podólogo:** un especialista en pies, si tienes callos, ampollas, hongos, uñas enterradas o cualquier otra cosa fuera de lo común en ellos, ¡no lo pospongas!
- **Peluqueros y barberos:** cada vez hay menos, pero si quieres un experto en barbas, bigotes y cabello, ellos son las personas indicadas (ojito, se especializan en los cortes varoniles).
- **Estilista:** quieres un corte o peinado a la moda o para un evento especial, él es el indicado; también puede pintar tu cabello profesionalmente y en ocasiones consigues un masajito en el cuero cabelludo, ¡genial!
- **Maquillistas:** ellos hacen magia en tu cara, transforman tu belleza natural en la de una diva o un divo, ¡sin que dejes de ser tú!
- **Psicólogo:** no sólo la salud física cuenta; si sientes que necesitas ayuda emocional y quieres cuidar tu salud mental, ¡busca alguno!
- **Nutriólogos, bariatras, etcétera (cuidado del peso):** se encargan de orientarte para que aprendas a comer de la mejor manera para que tu cuerpo esté sano, nutrido y fortalecido. ¡Adiós, grasa; hola, músculos!
- **Dentista:** ¡boca, encías y dientes a mí! Bueno, no a mí, ¡mejor ve con tu dentista! Ji ji ji.
- **Pediatra:** es tu médico general y no, no es sólo para niños, ellos se encargarán de tu salud hasta que cumplas 18 años.
- **Oftalmólogo:** a él le puedes confiar el cuidado de tus ojos y de tu visión cuando tienes una enfermedad grave o necesitas alguna operación. No lo confundas con el optometrista, que también es sumamente importante y puede encargarse perfectamente de tu salud visual en ojos y lentes.

¿QUÉ OTROS DERECHOS TENEMOS LOS JÓVENES?

Al igual que los adultos, los niños y adolescentes tienen derechos propios que sólo aplican para ellos. Para que tengas una vida plena y feliz, lo mejor será siempre tener toda la información que puede protegerte ante cualquier abuso. Así que te dejo una lista con los 20 derechos contemplados por la CNDH de México,[1] incluido el derecho a la salud:

- ✓ Derecho a la vida, a la supervivencia y al desarrollo
- ✓ Derecho de prioridad
- ✓ Derecho a la identidad
- ✓ Derecho a vivir en familia
- ✓ Derecho a la igualdad sustantiva
- ✓ Derecho a no ser discriminado
- ✓ Derecho a vivir en condiciones de bienestar y a un sano desarrollo integral
- ✓ Derecho a una vida libre de violencia y a la integridad personal
- ✓ Derecho a la protección de la salud y a la seguridad social
- ✓ Derecho a la inclusión de niñas, niños y adolescentes con discapacidad
- ✓ Derecho a la educación
- ✓ Derecho al descanso y al esparcimiento
- ✓ Derecho a la libertad de convicciones éticas, pensamiento, conciencia, religión y cultura
- ✓ Derecho a la libertad de expresión y de acceso a la información
- ✓ Derecho de participación
- ✓ Derecho de asociación y reunión
- ✓ Derecho a la intimidad
- ✓ Derecho a la seguridad jurídica y al debido proceso
- ✓ Derecho a la protección para niñas, niños y adolescentes migrantes
- ✓ Derecho de acceso a las tecnologías de la información y comunicación, así como a los servicios de radiodifusión y telecomunicaciones, incluidos la banda ancha e internet.

---

1. https://www.cndh.org.mx/derechos-humanos/derechos-de-las-ninas-ninos-y-adolescentes

¡Recuerda que el conocimiento es poder! Así que sé un héroe y compártelo con quien lo necesite.

Hasta ahora hemos hablado de todo lo que te hace ser tú, por dentro y por fuera, y lo hemos complementado con una buena rutina de belleza e higiene personal para que tu brillo sea imposible de opacar. Es momento de pasar a cuidar la capa más externa de tu imagen: lo que vistes y cómo lo vistes.

¿QUÉ ME GUSTA Y QUÉ ME QUEDA?

¡COLORES!

DESCUBRE LOS COLORES QUE TE FAVORECEN

Una parte imprescindible en tu imagen es conocer tu COLORIMETRÍA natural (la armonía entre tu personalidad y los colores que utilizas); es decir, los colores que te van mejor de acuerdo con tu color de piel, cabello, ojos y que potencian tu belleza natural. ¿Quieres descubrirla? Empezamos.

Los colores se dividen en tonos fríos y tonos cálidos, que tomarás como base para conocer tu colorimetría natural.

TUS CARACTERÍSTICAS NATURALES:

CÁLIDAS	FRÍAS
Color de cabello: castaño claro a rubio.	Color de cabello: negro a castaño oscuro.
Color de ojos: verdes, miel, marrón, avellana, negros.	Color de ojos: grises, azules, marrones, negros.
Color de piel: olivácea a marrón, morenos suaves a tonos carne.	Color de piel: rosa a amarilla. Morenos oscuros hasta pálidos.

ANALIZANDO TU COLOR... ¡EN CASA!

La expresión "analizar tu color" se refiere a observar tu tono de piel para averiguar cuál es el color que mejor te sienta. Los colores pueden ser una herramienta maravillosa capaz de resaltar la belleza de tu naturaleza. Es importante aprender a reconocerlos para ver cuáles te convienen y cuáles son mejor mantener lejos de tu cara.

Todos los colores se pueden usar, sólo que algunos van mejor cerca de tu rostro. Si no te va el negro, no lo deseches; simplemente, evítalo en la parte superior de tu cuerpo y listo, ¡efectus perfectus!

Vamos a hacer un ejercicio: busca dos trozos de tela de buen tamaño —lo mejor es una tela que sea de tu altura, pero si no la tienes te sirven prendas de tu armario, o dos hojas de colores—, asegúrate de que uno de ellos sea color naranja y el otro fucsia. ¿Por qué? Porque estos dos colores son opuestos, no sólo en el círculo cromático —lo veremos adelante—, sino que cada uno representa tonos cálidos y fríos, respectivamente.

Una vez que tengas las telas, colócate frente al espejo y cubre parte de tu cuerpo (desde tu clavícula hasta donde dé la tela u hoja de color) con una y luego con la otra. El color que resalte más tus características o ilumine mejor tu rostro (inmediatamente tu piel se verá mejor y brillarán tus ojos) definirá tu colorimetría. ¡Manos a la obra!

¡Si te ves mejor con naranja, eres cálido, en el caso del fucsia eres frío!

Si no te decides, siempre puedes preguntarles a tus padres, amigos o familia: viste de un color, luego con el otro y que ellos opinen cuál creen que te sienta mejor. ¡Ellos te aman!, así que tratarán de ayudarte a encontrar lo que mejor te va.

Si todo ha ido bien, ahora ya conoces si tu paleta es fría (fucsia) o cálida (naranja) y es momento de buscar una paleta de tonos acorde:

CÁLIDOS	FRÍOS
Del rojo al amarillo, amarillo-verdoso pasando por naranjas, marrones y dorados.	Fucsia, azul, violeta, índigo, turquesa al verde jade pasando por los morados.

Neutrales: gris, beige, azul marino, café chocolate, color piel (*nude*), camello y marfil.

Ya sabes cuál es tu colorimetría, ¿qué piensas hacer para destacar tus características

UN MIX MUSICAL, DIGO, ¡DE COLORES!

Saber combinar tu ropa te ayuda a verte muy bien y a dar el efecto de poseer mucha ropa cuando no lo es y no es necesario, además.

Si yo te digo combina un tono rosa, la siguiente pregunta sería: ¿qué tono de rosa o cuál rosa combino? ¿Cierto? No te confundas: rosa, lila, morado, malva, rosa pastel, todos son tonos fríos que combinan entre sí. ¿Sigues con cara de "qué dijo"? Espera, en un minuto, como por arte de magia, serás un experto en color.

Mira el círculo cromático. Ahora ve que hay colores que se contraponen, ¿viste? Pues va la respuesta.

Todos los colores que se contraponen combinan. ¡Magazos!

Sí, ya la hiciste. Todo los opuestos combinan, sólo hay unas reglas que debes seguir y, sobre todo, recordar que a tu edad debes probar, mezclar y atreverte a combinar. Después de todo, de eso se trata la vida en esta etapa: encontrar los tonos necesarios para ser ¡feliz!

MONOCROMÍA

Esto es combinar colores del mismo tono. ¿Adoras el azul? Pues viste completamente de azul, sólo varía los tonos para no verte como un bloque. Queremos movimiento y vida, no una plasta de pintura seca y dura. Todos los colores tienen un amplio abanico de tonos, ¡aprovéchalos!

COLORÍN COLORADO, UN TONO AQUÍ TIENES ASEGURADO

Los colores evocan emociones y dicen mucho sobre la personalidad; investiga el significado de cada uno. Por ahora, te hablaré de unos cuantos:

1. Colores neón: los colores que se derivan de los gases en combinación con la corriente eléctrica son los que crean estos tonos tan divertidos; descubiertos en el siglo XIX por el físico Heinrich Geissler, fue hasta en 1980 cuando todo, todo, se usaba en neón: desde las calcetas hasta los accesorios. Denotan creatividad, vanguardia y juventud, *and wake me up before you go-go*. Son colores llenos de energía. Si no me crees, preguntémosle a Delsin Rowe, el superhumano del videojuego *inFAMOUS Second Son*.
2. Colores pastel: ¿mucho estrés y nadie te comprende? Viste en tonos pastel; éstos pueden hacerte sentir calma, armonía, sensibilidad. ¡Qué amable! Pase, por favor. Exacto todos querrán ser tus amigos. En la serie de *My little pony: la magia de la amistad* vemos estas características en tres de sus personajes principales, Fluttershy, Pinky Pie y la Princesa Celestia, quienes comparten tonos pastel en sus cuerpos y cabelleras.

3. Rojo: es uno de los colores más vibrantes en las emociones por una simple razón: está en las venas; por lo tanto, literalmente nos llena de vida. Denota fuerza, pasión, poder y agresividad. Si quieres ser visto y expresar fuerza, el rojo es tu tono. ¿Qué tienen en común el Dr. Strange y la Bruja Escarlata? (además de ser dos deformadores de la realidad muy poderosos, claro) ¡El color rojo! En Wanda es mucho más evidente, pero uno de los objetos mágicos que eligieron a Strange es la capa de levitación y sí, es roja, cuando menos a partir del cómic *Stranger Tales* núm. 127 y de las películas del Universo Marvel.

4. Negro: éste es uno de los colores que muchas de las personas con sobrepeso desean usar porque piensan que el negro adelgaza, y no es así. Como lo digo en mi primer libro (*La mejor versión de ti. Mujeres*) es un mito; lo que adelgaza es la saturación de color, no el negro. Pero esto es otra historia… Llévalo para algún evento formal y elegante. En el rubro de la moda simboliza lujo y, aquí entre nos, su uso exagerado puede resultar poco creativo, se ve lúgubre y hasta te puede llegar a hacer sentir triste, ¡cuidado! Necesitas decidir quién prefieres ser: la elegante Morticia Adams o la oscura Saki Hanajima (del anime *Fruits Basquet*), donde usa el negro como muestra de su aislamiento, miedo y culpa.

5. Verde: si lo tuyo son los temas de la naturaleza y sensibilidad con el ambiente éste es tu color. Siempre el verde nos remite a la naturaleza, por este motivo es tan buen color para las habitaciones, te relaja… y obviamente en la ropa siempre expresará juventud, frescura y esperanza. Se me ocurre la vibrante Toph Beifong (*Avatar: la leyenda de Aang*), una maestra tierra que viste las ropas de su clan color verde, ciega de nacimiento aprendió a "ver" con las vibraciones de la tierra bajo sus pies. ¡Si eso no es estar en contacto con la tierra, no sé qué será!

6. Amarillo: este color es todo un tema, ya que su misma versatilidad puede denotar desde jovialidad hasta capital, pues simboliza desde oro y riqueza hasta riesgo, engaño e ira; pero si lo usas en pequeñas cantidades o tu actitud es *nice… just do it!* Un exceso de amarillo lo encontramos en Pepa, la tía de Mirabel (*Encanto*), quien viste

completamente de amarillo para tratar de mantenerse alegre (aunque también tiende mucho al enojo rápido y la ira); por otro lado, los Hufflepuff (*Harry Potter*) son las personas más amables y fiables de todo el colegio, y el único amarillo que usan está en su corbata y el escudo de su casa.

7. Blanco: limpieza, pulcritud, honestidad, ¿aburrido? Nada de eso, este color es y siempre representará la inocencia y pureza, aunque para las culturas africana y oriental es el color de la muerte, ya que no se encuentra ni sustrae de la naturaleza... Si deseas usarlo, debes tener mucho cuidado porque se ensucia terriblemente rápido, ¡así que, al agua! ¿Sabías que en *El Señor de los Anillos* dos de los representantes del concilio de sabios siempre iban de blanco? Esto como señal de su sabiduría y poder: Galadriel, la Dama de Lothlórien, y Saruman (antes de caer bajo la influencia de Sauron).

8. Morado: elegancia y glamur, pero sobre todo es cambio y evolución. Este color es superdivertido y para ti será un tono genial, ya que despierta una ligera nostalgia y madurez, ¡wow! Te invito al baúl de los recuerdos e investigar sobre Sailor Saturn (anime *Sailor Moon*), quien se muestra como una joven muy madura, elegante y, después de pasar por ciertas dificultades (que no planeo spoilear), alegre, tierna y feliz.

9. Plata: este mágico color está relacionado con la luna. Siempre que se habla de magia y encanto, el tono plata es el ideal. Si quieres ser visto, ¡usa este color! Merlín, ¡vámonos! Además, te cuento que, según la mitología europea, los unicornios son de este color durante la primera etapa de su vida.

10. Dorado... y el primer lugar es para... ¡ti! El color dorado siempre representará éxito, lujo, dinero y prosperidad; es el tono ganador, ji ji ji. ¿O por qué crees que la estatuilla de los premios Oscar es de ese color? ¡A triunfar se ha dicho!

11. Gris: éste es el color que se requiere para crear formalidad sin llegar a la saturación del negro. Aunque hay muchos autores que señalan que el color gris es un tono mediocre, sin expresión, cuando lo usas con colores vivos o pastel, lo que proyectas es tenacidad. Si quieres un ejemplo te daré un nombre: Bugs Bunny; hay que admitir que sus

infinitas caracterizaciones y disfraces han resaltado gracias al contraste con el tono gris de su pelaje.

12. Lila: si te gusta ser el centro de atención con un poco de sensibilidad y cortesía, lleva lila en ti; es un gran color para sentirte en paz y conectarte con la espiritualidad. Isabela Madrigal (*Encanto*) lo sabe y por eso siempre viste con ese suave tono que combina con su actitud mesurada y delicada hacia la gente del pueblo.

13. Fucsia: este tono es fuerza, tenacidad, apertura, ¡corre Forrest! Siempre que desees proyectar vitalidad, éste es tu tono. ¿O has visto a alguien más alegre y con más energía que Starfire en la Serie de *Teen Titans Go* o la princesa Poppy de la peli de *Trolls*?

14. Beige: en definitiva, este color te lleva a la tranquilidad, la pazzzzzzz. Sí, lo admito, es un poco aburrido, pero (shhhhh, aquí bajito) ayuda a combinar con otro u otros colores: es el puente para hacer muchas combinaciones con un guardarropa pequeño. Vale, tal vez no te encante esta comparación, pero en el videojuego de *Worms W.M.D.* es el color beige de sus personajes lo que los hace distinguibles en un sinfín de fondos y campos de batalla. Y, por cierto, ¡también puedes personalizarlos con coloridos accesorios para diferenciarlos de tus enemigos!

15. Salmón o coral: músculo y más músculo, sí. Este tono te remite a querer comer, aumenta tu energía y, por esto mismo, te da hambre. ¡Cuidado con esto! No querrás ser tan pachoncito como Slowpoke.

16. Rosa: el rosa es y será ese tono que denota ternura, sinceridad y fragilidad. Este color es un todoterreno para combinar, ya que su gama, al ser suave, se usa como un básico en la colorimetría fría (página 94). El día que quieras que te den un permiso o quieras que te cuenten un secreto lleva rosa, te lo darán. Por último, este tono tiene su encanto: al cerebro le gusta, por lo tanto pidámosle su ayuda para que nos guíe a la conquista. ¡En marcha, mi bella Pink Panter, tarán, tarán, tarán tarán tarán tata-tataaaa tarararaannn!

¡ESE CUERPECITO TUYO!

El aspecto personal lo forman tus características físicas; favorecerlas es fácil cuando te conoces. Ya descubrimos los colores que mejor te van, ¡es hora de volver al espejo! Mírate con detenimiento y sin juzgarte, es momento de determinar la silueta de tu cuerpo y rostro; sobre ellos trabajarás todo el tiempo.

MI ASPECTO, MI CUERPO, MI FIGURA. ¡GOL!

Todos los cuerpos crecen de diferente manera, velocidad y modo. Los terrícolas que habitamos en este planeta podemos llegar a tener miles y millones de combinaciones en nuestras características físicas, gracias a nuestros genes, a toda esa amplia información biológica que nace de las diferentes combinaciones de razas que cohabitamos y nos mezclamos todo el tiempo.

Estas diferencias se reflejan en el color de ojos, cabello y, obviamente, en nuestros cuerpos, así que ¡manos a la obra!

CUERPOS FEMENINOS

Es momento de averiguarlo, ponte delante de un espejo. ¿Ya estás frente a frente contigo misma?

Te cuento: existen cinco tipos de cuerpo "estándar" (por llamarlos de alguna forma). ¿A cuál te pareces de la siguiente imagen? Fíjate bien ¡Así podré darte algunos tips sobre la ropa que más te favorecerá y con la cual lucirás ES-PEC-TA-CU-LAR!

¿Ya te identificaste? Perfecto, entonces podemos seguir, sólo busca tu tipo de cuerpo en las siguientes páginas y prueba los consejos. Eso sí, siempre trata de mantener tu propio estilo. Recuerda que: ¡de la moda, lo que te acomoda! Y no se trata de que ahora todos nos vistamos igual.

Si sigues tu instinto y lo complementas con estos tips, ¡te aseguro que todo irá de maravilla!

TIPO "H"

- Hombros y caderas alineados
- La cintura no está marcada
- Piernas de delgadas a atléticas

Éste es el típico cuerpo que se ve recto; puedes tener mucho o poco busto (figura "H" suave). El objetivo es enfatizar la cintura para crear una silueta más femenina.

TIPO "H"

Blusas	Faldas	Pantalones	Vestidos	Suéteres	Abrigo, saco y chamarra
Básicas	Rectas, tipo	A la cadera	Tipo túnica	Cárdigan	*Trench coat*
Manga corta,	lápiz	Corte bota	Mini vestidos	Cuello en "V"	Acinturados
larga y tres	Con cinturón	Anchos,	Sixties	*Preppy*	De mezclilla
cuartos	Escocesa	marinero,	Coctel	Cárdigan con	entallado a
Ligeramente	Falda	*palazzo*	Chino	lazo a la	la cintura
por debajo	pantalón	Clásicos	Halter	cintura	Poncho
de la cintura	Acampanada	Shorts	Drapeado	Asimétrico	
Playeras con	Tipo coctel	Bermudas			
leyendas en	con volantes				
el pecho	Campesina				
	Con volantes				
	Can-can				

Telas	Suaves Algodón Lino
Estampados	Medianos a pequeños
Accesorios	Collares de cortos a largos
Evita	Pantalones ajustados Telas gruesas Sacos arriba de la cintura

TE CUENTO QUE...

¡Tu tipo de cuerpo me recuerda mucho a los años veinte! ¿Para qué intentar encajar en un corsé cuando puedes tener la libertad de moverte? En esa década la moda se vuelve práctica, cómoda, se desecha el tan usado y aclamado corsé para las mujeres y nace una moda totalmente revolucionaria, ligera, nada apretada y, sí, muy suelta. Imagina vestidos-túnicas con listones debajo de la cintura, el dobladillo de la falda sube y muestras las pantorrillas, ¡iuuu, sube más! El cabello se corta dando paso al famoso estilo *garçon* (muchacho en francés) y se vuelve la sensación, así como la moda deportiva. ¡15-0! Sr. Lacoste.

TIPO "A"

- Hombros angostos o caídos
- Cintura delineada
- Cadera, muslos y glúteos grandes

Este tipo de cuerpo puede ser de proporción pequeña o grande, pero siempre se verán las caderas más anchas que los hombros. El objetivo es llevar peso en la parte superior y evitarlo en la inferior, lo más sencillo posible. Telas suaves y sin textura harán de esta figura una estructura balanceada y visualmente armónica.

TIPO "A"

Blusas	Faldas	Pantalones	Vestidos	Suéteres	Abrigo, saco y chamarra
Sin mangas o tres cuartos Camiseras Con textura en los hombros Escotes asimétricos Cuello en "V" o redondo	Lisas Lápiz Rectas Ligeramente circular A la rodilla o ligeramente arriba de ellas	*Palazzo* Rectos Corte bota Jeans de mezclilla delgada	Túnica Camisero Estampado pequeño	Ligeros y largos Vestido tipo cruzados	Clásico De dos botones Ligeramente largo, por debajo de la cintura De mezclilla o chaqueta Cuello en "V" con detalles en la cintura

Texturas	Suaves y delgadas Sólidos Depende la complexión, de pequeña a mediana
Estampados	Rayas horizontales en el pecho Colores oscuros en las piernas
Accesorios	Bufandas, mascadas y pashminas Collares largos y voluminosos
Evita	Pantalones cargo o texturizados Faldas con grandes estampados *Leggings* Prendas con bolsillos en el trasero Estampados horizontales en las piernas

TE CUENTO QUE...

La moda de los años treinta encajaba perfecta en tu tipo de cuerpo. Los hombres portaban sombreros y boinas, trajes en tono azul y marrón, además de sus muy típicas gabardinas; eso sí, con siluetas muy marcadas, hombros anchos y cinturas más pequeñas. Es más, las mujeres también se apropiaron de esta moda: sus vestidos hacían resaltar las curvas al llevar sacos con hombros anchos. Así que, sí, todos llevaban pantalones con sacos anchos. Si lo piensas bien, parecían gemelos, ji ji ji. En esta década, el glamur empezó a ser la regla. ¡Imagina!: tener que cambiar tu *look* para cada evento, ¡qué gasto de lavadora!

TIPO "X"

- Cintura pequeña y marcada
- Hombros y caderas balanceados
- Busto de pequeño a grande

En este tipo de cuerpo la cintura resalta por ser angosta. Puedes tener un cuerpo "X" y ser de estatura baja o alta. No hay distinción. El objetivo es enfatizar la cintura. ¡Es momento de lucir como avispas, chicas!

TIPO "X"

Blusas	Faldas	Pantalones	Vestidos	Suéteres	Abrigo, saco y chamarra
Sin hombros Playeras básicas Blusas cuello "V" o redondo Camisetas sin tirantes ni mangas Sport con espalda de nadadora Con minicuello Camisa vaquera Camiseta cuello barco	Tipo lápiz Minifalda Tableada Escocesa Acampanada Falda saco Falda pantalón Falda globo Con holanes Con lazo lateral Abullonada Con volantes	Rectos Leggings Pitillo Bombacho Montar Clásico Marinero Peto Short y top	Túnica suelta Minitúnica Chino Sixties Tipo Marilyn Monroe Sabrina Halter Princesa	Básicos Pegados al cuerpo Jersey con sisa caída Polo	Cruzado Acinturado De mezclilla, corta y ajustada

Telas	De delgadas a gruesas
Estampados	Rayas horizontales, bolas, holanes
Accesorios	Cinturones anchos
Evita	Blusas demasiado holgadas Blusas y vestidos tipo imperio Blusas cortas y sueltas Sudaderas inmensas

TE CUENTO QUE...

Durante la década de 1940 se van las faldas y llegan los pantalones de uso rudo para las mujeres, con cinturas altas, rectos y playeras en V. ¡Justo para tu tipo de cuerpo!
Pero... ¿a qué se debe este cambio?
Pues a que las mujeres ¡nos unimos a la fuerza laboral!

El 1 de septiembre de 1939 Hitler anuncia la invasión a Polonia y con esto inicia la Segunda Guerra Mundial, OMG! Y, ¿qué pasa con la sociedad? Fácil, las mujeres toman los trabajos de los hombres que se van a la guerra y ellas se vuelven todoterreno. Estos movimientos ayudaron a darles poder, fuerza y seguridad, ya que empiezan a ser las cabezas de familia. Es gracias a estas nuevas actividades más físicas que deben estar cómodas: llevan más pantalones que faldas, zapatos de trabajo y pocos accesorios... Ah, pero nunca dejan de ser femeninas. Al haber poca moda, las mujeres se vuelcan a los peinados y al maquillaje. Esas ondas suaves y delineados tan marcados que hoy se usan nacieron en esa época, ¡los más divinos! La moda militar la comparten hombres y mujeres y, la verdad, aquí entre nos, nos dejan la inspiración militar en prendas de uso diario, como son los sacos y los abrigos, interesante, ¿cierto?

Peeeero. ¡El estilo de tu figura se termina de perfeccionar durante los años cincuenta! Después de la guerra, las mujeres renacemos; la coquetería, los colores y la moda nuevamente hacen gala para crear el "*new look*" —como se le llama a esta época—: cinturas pequeñas, faldas desde muy pegaditas hasta amplias y estilosas... Las siluetas se vuelven ultrafemeninas, los cuerpos se veían curvilíneos y volvieron los sombreros, guantes, zapatillas y collares junto con los estampados variados, de flores y líneas.

TIPO "V"

- Hombros anchos
- Cintura angosta
- Piernas delgadas

En este cuerpo siempre resaltarán los hombros; el busto puede ser de pequeño a grande. El objetivo reside en dar volumen a la parte baja para balancear la superior. Marcar la cintura será el objetivo.

TIPO "V"

Blusas	Faldas	Pantalones	Vestidos	Suéteres	Abrigo, saco y chamarra
De manga larga o sin mangas	Plisadas	Jeans corte bota	Con mangas cortas	Cárdigan	*Trench coat* con cintura
Con cuello asimétrico	*Péplum*	Recto	Tipo imperio	Sueltos	*péplum*
Básicas	Circulares	Acampanado	Tipo griego	Jersey con mangas al codo	Con textura a partir de la cintura
Cruzadas	A la altura de la rodilla	Montar	Mini	Jersey con cuello semicisne	Estilo kimono
Camisa vaquera	Tulipán	Bombacho	Halter	Con zigzag multicolor	Corte *péplum* a la cintura
Escote barco	Con textura en la cintura	Peto		Sudadera	De mezclilla ligeramente por debajo de la cintura
	Escocesa	Bermudas			Chaqueta abotonada en la parte baja
	Falda pantalón				Chaqueta cruzada
	Tableada				
	Militar				
	Abullonada				
	Globo				
	Bailarina				

Telas	Ligeras, algodón
Texturas	Sólidos en la parte superior y textura en la parte baja
Accesorios	Cinturones anchos
Evita	Vestidos y blusas con mangas anchas Vuelos u holanes en el pecho Texturas a nivel del pecho u hombros Blusas con tirantes angostos

TE CUENTO QUE...

Para quitarle peso a tus hombros, ¡lo mejor fueron los años sesenta! Ya sabes, esa década llena de amor, paz y poca ropa... Lo digo porque en esta época la mini fue la prenda que vino a revolucionar la moda. Faldas cortitas y colores multicolores, la famosa psicodelia hizo su presencia. Cabellos bien cortitos y pantalones acampanados. Si eres de usar minis y amas el cabello corto, tal vez éste es un estilo para ti. Juega con él y adáptalo a esta época, ¿qué te pondrías?

TIPO "O"

- Busto grande
- Abdomen grande
- Piernas anchas

En este caso se puede tener brazos robustos o no, pero el mayor peso visual se concentra en la parte media: el abdomen, por eso se le llama "O". El objetivo es romper el óvalo del cuerpo y lucir una figura más angosta. A los cuerpos tipo "O" le vienen bien los tonos y las siguientes características, sácales partido:

TIPO "O"

Blusas	Faldas	Pantalones	Vestidos	Suéteres	Abrigo, saco y chamarra
Sueltas Playeras sueltas Cuellos en "V" Mangas largas Tops en combinación con blusones	Amplias Circulares Rectas suaves (no muy pegadas)	Rectos *Palazzo* Capris rectos (no en tubo) Jeans azul fuerte	Tipo imperio Túnicas cortas Sueltos con ligeros drapeados en la cintura Largos por encima de la rodilla o muy, muy largos Vaporosos Bohemio Gipsy	Sueltos, que definan la cintura sin lucir apretados Largos Cárdigan (abierto por delante)	Clásico cruzado Clásico ligeramente debajo de la cintura De mezclilla clásica, ligeramente larga

Telas	Ligeras
Estampados	De medianos a grandes
Accesorios	Collares largos Tamaños grandes Anillos grandes Todo accesorio debe ser proporcional
Evita	Blusas elásticas Blusas que tapen tu cuello Pantalones *Leggings* Pantalones entubados Estampados grandes

TE CUENTO QUE...

Hay que "O"bservar que este tipo de cuerpo tuvo su hit en los años noventa y ¡hoy puedes sacarle mucho provecho! En esa década la moda era minimalista, los pantalones rectos y los vestidos largos con pliegues y pinzas dejaban ver una silueta elegante sin ajuste extremo. Se usaban también el "duotono", los *Leggings* con una camisola simple, las botas planas y los pantalones sueltos con pinzas; siluetas sueltas, nada complicadas, pero sí agradables y solemnes, al tiempo que muy vanguardistas.

CUERPOS MASCULINOS

Terminamos con las chicas, ahora nos centraremos en ti. Tienes la fortuna de que para chicos hay sólo tres tipos de cuerpos. ¡Es más rápido a la hora de comprar! Eso sí, para saber qué te va mejor, primero necesitamos descubrir tu silueta. Manos a la obra y ¡a examinarnos lo más neutralmente posible! Evitemos ser duros con nosotros mismos —el mundo allá afuera ya lo es—, sólo mira la siguiente imagen y elige el cuerpo que más se parezca al tuyo:

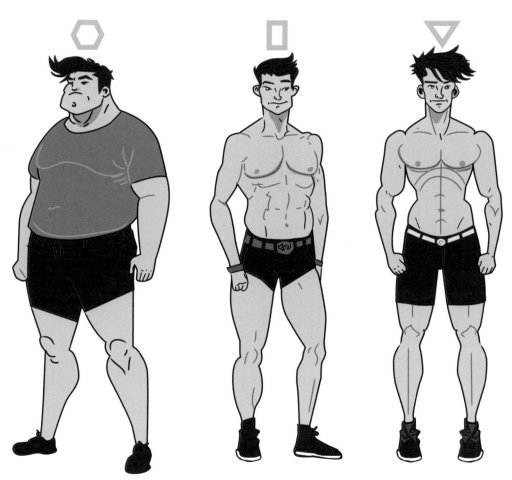

¿Lo tienes? ¿Estás seguro? ¡Pues empecemos!

TIPO "H"

- Espalda y caderas se ven en equilibrio
- Piernas delgadas a atléticas
- Cintura poco definida

Este cuerpo puede presentarse atlético o, por el contrario, muy esbelto, casi desgarbado por la delgadez.

Camisas	Suéteres	Sacos	Pantalones
Camiseras	Cárdigan	Clásicos	Clásicos
Rayas delgadas	Cuello en "V"	Cruzados	Rectos
Playeras	Chalecos	Dos o tres botones	Entubados
A cuadros			*Joggers*

Evita: ropa que no sea de tu talla, chamarras con demasiadas bolsas o textura.

TIPO "V"

- Espalda ancha
- Pecho grande
- Cintura estrecha
- Piernas delgadas

Este cuerpo puede presentarse en todas las estaturas; la definición en el pecho, tórax y espalda marcan su forma característica.

Camisas	Suéteres	Sacos	Pantalones
Camiseras	Ajustados al cuerpo	Clásicos	Rectos o con corte bota
Playeras clásicas	Cárdigan	*Slim fit* (ajustados)	*Joggers* o cargo
o ajustadas	Cruzados		Texturizados o con bolsas
Rayas verticales	Chalecos		a los costados

Evita: demasiada tela en los hombros; los sacos con inspiración militar, las camisas con mucha decoración, textura o estampado en los hombros. Olvídate de las playeras con cuello barco, esas que dejan ver los hombros, ya que te harán lucir ancho.

TIPO "O"

- Abdomen grande
- Piernas grandes
- Brazos anchos

Puedes ser alto o bajo, lo importante es que luzcas armónico con tus medidas. El objetivo consistirá en romper la circunferencia.

Camisas	Suéteres	Sacos	Pantalones
Camiseras	Cárdigan abierto al	Clásico de	Rectos
Playeras cuello en "V" o	frente	dos o tres	Sin pinzas al frente
sueltas y nunca abotonarlas	Cuellos en "V"	botones	Usa la talla que
hasta el cuello	Colores oscuros en	Evitar los	corresponda
Rayadas con líneas delgadas a	la parte superior o	cruzados	y siempre a la
medianas	el mismo tono en		cintura, no debajo
Texturas pequeñas a medianas	todo el cuerpo		de ésta

Evita: los chalecos —especialmente con rombos—, suéteres con textura en el abdomen y pantalones entubados o tipo *baggy*.

TU BELLO ROSTRO

Ya encontramos tu tipo de cuerpo y lo que mejor te queda; vayamos ahora a descubrir qué forma tiene tu bonita cara. Así podrás elegir el mejor *look* para tu corte de cabello o tu peinado, independientemente del largo, color, forma, etcétera.

¡DAMAS…

Reconocer tu tipo de cara te ayudará a usar el corte de cabello adecuado para tu rostro, los accesorios necesarios y hasta el maquillaje ideal para ti. ¡Sí, claro!, además tu cara se verá más armónica y bella.

DIAMANTE O ROMBO

- *Identifícala.* Es el rostro que tiene la frente y la barbilla ligeramente más angostos que los pómulos, que sobresalen y amplían la parte de las mejillas. ¿Ubicas a Anna Kendrick, Halle Berry o Taylor Swift? ¡Pues ellas comparten su tipo de rostro con el tuyo!
- *Péinate.* Si decides llevar el cabello suelto, hazle ondas o rizos. Los peinados con la frente descubierta te van muy bien; lleva coletas bajas, ligeramente sueltas o trenzas tipo hueso de pescado.
- *Accesorios.* Moños, lazos y ligas de colores.

CORAZÓN

- *Identifícala.* Es el rostro de frente y mejillas amplias con barbilla estrecha. ¡La dulce Lily Collins y la intrépida Maisie Williams son como tú!
- *Péinate.* Los peinados de lado harán que tu cara se vea más delgada. Lleva capas, hazte ondas con las tenazas, despeina tu cabello en la parte superior, que se vea natural. Los flecos muy cortitos o tupidos NO son lo tuyo, tu estilo es más suelto y relajado. Las coletas con bomba son sensacionales para ti, muy tipo de los sesenta; pregúntales a tus abuelas, seguro te peinan ¡a go-go!
- *Accesorios.* Usa listones y moños.

RECTANGULAR

- *Identifícala.* En este rostro, frente, mejillas y mandíbula lucen casi del mismo tamaño (ancho). La cara puede ser delgada o ancha, pero la simetría siempre es continua: luce larga. ¡Como Angelina Jolie! Tienes un rostro inolvidable y atemporal. ¡Genial!

- *Péinate.* El objetivo es dar volumen a los lados para evitar que luzca muy delgada; es aconsejable acortar con un flequillo pequeño o peinar con una cola de lado; las ondas y los rizos dan énfasis a los pómulos y, ¡por favor!, NO te lo cortes tipo bob o príncipe valiente.
- *Accesorios.* Pasadores de fantasía y moños a media cabeza.

OVAL

- *Identifícala.* Como su nombre lo indica, tiene forma oval con tamaño de frente, mejillas y barbilla proporcional, balanceado. Como la camaleónica Katy Perry y ¡la princesa Kate Middleton!
- *Péinate.* Te sugerimos mantener las proporciones físicas: si eres bajita, tu cabello no debe estar hasta la cintura; si eres muy alta, puedes llevarlo muy corto. Con este tipo de cara puedes hacer muchas combinaciones: lacio, rizado, ondas. Procura que tu cara siempre se vea.
- *Accesorios.* Usa los que te gusten sin problema.

REDONDA

- *Identifícala.* La fisonomía en este rostro es torneada o curveada: frente y mejillas son amplias, y la barbilla se pierde en la circunferencia. La talentosa Selena Gomez tiene este tipo de rostro, pero si quieres algo más rudo, Elizabeth Olsen también lo tiene ¡La mismísima Bruja Escarlata!
- *Péinate.* La redondez de la cara se suaviza llevando el cabello o muy corto tipo *pixie* (cabellos despeinados) o largo en capas para alargar tu rostro; una cola de caballo alta te hará ver ¡muy linda!
- *Accesorios.* Diademas de plástico o de tela y moños.

CUADRADA

- *Identifícala.* Frente, mejillas y mandíbula se ven en una sola línea; la mandíbula es amplia y el rostro luce ligeramente ancho. Todo dependerá de las proporciones personales. Lleva el largo a tus hombros o si te gusta corto, ¡vas! Siempre puedes checar los *looks* de Salma Hayek, Olivia Wilde o la mismísima Keira Knightley, ¡la intrépida Elizabeth Swan en *Piratas del Caribe*!
- *Péinate.* En capas, en capas y más capas, cortas, largas, medianas... con rizos; usa la raya en medio.
- *Accesorios.* Diademas, moños y lazos.

¡No te quemes! El uso cotidiano de tenazas, planchas, secadoras y ferro puede dañar tu cabello; protégelo con una crema o aceite especial (contra calor) después de bañarte. Sigue las instrucciones del producto y listo —especialmente si tienes cabello delicado—; de lo contrario, estarás maltratándolo de manera rápida y profunda.

Cuéntame... ¿qué tipo de cara tienes?

...Y CABALLEROS!

¡Vamos chicos! El hecho de que los obliguen en la escuela a traer el cabello corto no significa que deban atenerse a un único estilo. Verifiquemos sus rostros para sacar mejor provecho a su guapura de toda la vida.

Miremos sus reflejos e identifiquen su tipo de cara:

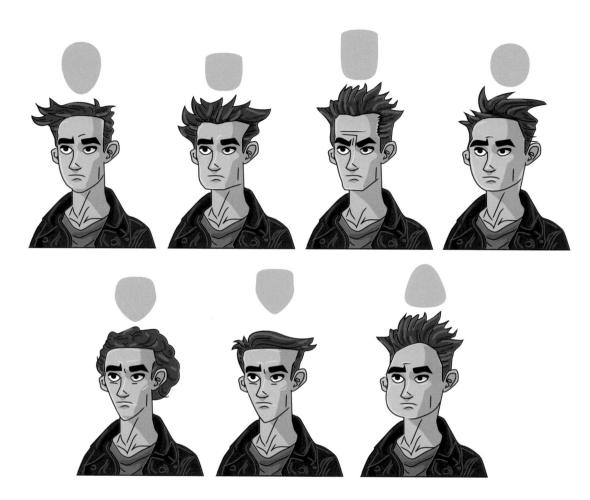

CUADRADA

- *Identifícala.* Tu frente, pómulos y barbilla lucen equilibrados (sobresalen ligeramente los dos últimos); las tres partes forman un cuadrado, aléjate un poco del rostro y lo verás. ¡Viste! ¿No me crees? Sólo busca a nuestro mutante (no tan favorito) Sabretooth, a quien le dio vida el talentoso Liev Schreiber en 2009, o al joven Superman de *Smallville*, Tom Welling.
- *Péinate.* Este rostro es muy masculino; deja un poco de fleco para suavizar tu frente, úsalo de lado; déjalo corto a los lados; si lo prefieres largo, déjalo crecer también a los costados. ¡Ggrrr!

REDONDA

- *Identifícala.* Tu barbilla y pómulos sobresalen; este tipo de cara luce dulce y amigable. Si no me crees, sólo checa a Leonardo Di Caprio o a Zac Efron.
- *Péinate.* Rompe la redondez de tu faz con cabello largo y pequeños mechones sobre tu cara, no te tapes por completo; péinate de raya al lado; en medio te hará ver muy redondo.

OVALADA

- *Identifícala.* Como su nombre lo dice, este rostro forma un ovalo: tanto la frente como la barba lucen equilibrados. ¿Te suena George Clooney? Bueno, busquemos a alguien más actual, ¿qué tal Keanu Reeves? El legendario Neo en *Matrix*; pues ambos tienen el rostro ovalado.
- *Péinate.* Lleva la frente descubierta y da volumen en la parte de arriba. ¡Despéinalo!, déjalo libre, ligeramente hacia arriba. ¡Ah! Y olvídate de esas patillas largas, ¿o quieres parecer un villano de película muda? ¡No quieres estar pasado de moda! (o, como se diría en Francia, ¡DÉMODÉ!)

RECTANGULAR

- *Identifícala.* Tus mejillas y frente, en ocasiones, tienen el mismo largo; tu rostro luce alargado y en general es delgado. Si quieres buscar ejemplos en Hollywood hay para aventar al cielo: Brad Pitt aún es un rompecorazones con este tipo de cara, pero si a ti te va más lo rudo, sólo hay que ver al gran Arnold Scwarzenegger. ¡Yo no me metería con él!
- *Péinate.* De raya al lado y ligeramente largo. Si deseas algo más largo, llévalo a nivel del "trago" de la oreja para verte más equilibrado.

DIAMANTE O CORAZÓN

- *Identifícala.* Es más grande a los lados y termina con una barbilla más delgada y angulosa. El último Batman, Robert Pattinson, es un ejemplo de este rostro, al igual que Johny Deep, aunque en su caso es un poco menos pronunciado.
- *Péinate.* Deja crecer un poco tu cabello y péinalo hacia arriba para alargar tu rostro; de raya al lado despéinalo con un poco de gel. ¡Wow!

TRIANGULAR O PERA

- *Identifícala.* Te distingues por una frente angosta y mejillas y mandíbulas gruesas. ¡Eres afortunado! No hay muchos rostros como el tuyo, pero si buscas alguna referencia checa a Keith Urban o Dane Cook, no son muy actuales, pero es lo que tiene la singularidad.
- *Péinate.* Le favorecen los peinados con cabello en la sien y más largo al centro, o fleco para dar volumen al rostro.

Cuéntame... ¿qué tipo de cara tienes?

GUARDARROPA

Empecemos a desarrollar un gran guardarropa y las primeras prendas que debes cuidar y procurar; desde tu uniforme o ropa escolar hasta, por supuesto, la de galantear. El significado de los uniformes es interesante. Antiguamente, el atuendo militar era diseñado para dar miedo a los enemigos, desde pintarse la cara en la selva para no ser descubiertos y sorprender al adversario con una cara pintada hasta llevar una chaqueta militar con muchos galardones; cuantas más medallas prendidas a la chaqueta, más batallas habría ganado; por lo tanto, sería un héroe y esto infunde respeto, ¡miedo!

Esta vestimenta es considerada un elemento de distinción y honor, ya que puede representar desde la militancia a un equipo deportivo hasta un país y, en tu caso, un grado escolar. El uniforme son aquellas prendas que te dan pertenencia a un grupo, que te identifican con tus compañeros como iguales en circunstancias de estudio y, por lo tanto, te hacen ver cómodo y seguro; además, te permiten no pensar tanto en qué ponerte. Por eso es buena idea llevar uniforme: no gastas tu ropa favorita y sales rápido por la mañana. Sólo cuida que se encuentre todos los días limpio y en buen estado; si requiere una zurcida o ponerle un parche, adelante, no pasa nada, pero, eso sí, ¡pulcro!

¡ABRACADABRA! ¡QUE TENGAS COLORES TODA LA SEMANA!

Al inicio de este capítulo (página 94) descubriste los colores que te quedan, cuáles son los opuestos en el círculo cromático y te hablé un poco sobre la monocromía. Bueno, ha llegado el momento de aplicarlo en tu armario. Te dejo unas cuantas "reglas de oro" para que puedas estar seguro de que todo lo que usas se vea genial en ti, seguidas de 8 experimentos donde se adapta todo lo que hemos visto hasta el momento. Así que ¡a darle!:

 Los colores claros expanden: si quieres dar volumen a alguna parte de cuerpo lleva tonos claros en esa zona. ¿Más busto?: amarillo o rosa pastel. ¿Más pompas?: jeans amarillos. Los colores oscuros afinan. ¿Menos abdomen?: verde jade. ¿Menos busto?: azul marino.

 Llevar un solo tono te hace ver más alto, más largo. La continuación de color no corta tu cuerpo y te ves más alto y, por lo tanto, más delgado, ¡jijijijiij! Si deseas verte alto, lleva unos jeans azul clásico y una camiseta del mismo tono de tus jeans. Si deseas verte más alta elige un vestido morado y ¡listo!

Llevar un tono claro y un tono oscuro resalta lo que te gusta y lo que no tanto. ¿Tienes piernas anchas? Porta una prenda oscura en ellas, unos jeans cafés, una falda morada, unos pantalones grises, etcétera, y en la parte superior un tono claro, como blanco, rosa o amarillo.

Considera que las líneas horizontales tienden a ensanchar tu figura cuando no las usas de acuerdo con tu proporción. Si ya sabes cuáles te favorecen, ¡llévalas sin miedo! Si las líneas horizontales son muy gruesas, en lugar de ayudarte, te harán lucir… grande. Mejor llévalas de manera sutil y en zonas que quieras resaltar: ¡en un pecho angosto o en piernas delgadas, van muy bien! Las líneas verticales adelgazan —toda línea vertical visualmente da la apariencia de largo y delgado—; por eso, llevar un vestido con líneas a los costados o una camisa con rayas o líneas te harán ver más delgado o angosto.

Usa tonos neutrales para cuidar detalles. Si tienes el cuello ancho destápalo un poco, sí, nunca te cubras hasta el cuello. La ropa adecuada te ayudará a marcar muy bien su lugar y listo. Por el contrario, si tienes un cuello largo, lleva una bufanda o pashmina sobre él, ¡te verás muy a la moda!

El uso de varios colores te acorta visualmente. Si eres muy alto y quieres verte un poco más bajito o no llamar tanto la atención con tu estatura, ¡sígueme! Lleva varios colores y aprovecha tu estatura. Este efecto hace que no luzcas taaaan alto ni intimidante. Anímate con más de tres o cuatro colores, eso habla de una persona más creativa, ¡vivan los colores!

Lleva colores que te favorezcan cerca de tu cara y los que no, lejos, ¡sencillito! Puedes combinar colores fríos y cálidos y lucir muy bien, ¡atrévete! Si tu cabello es negro usa el café en pantalón o falda. O si eres "güerita o güerito" lleva gris en falda o pantalón y no pasará nada.

Sigue los colores que te favorecen. Definitivamente hay algunos que no son para todos; por ejemplo, a las personas con piel oscura el cabello rubio dorado nada más no les va... Un verde militar o un tono mostaza en una persona de piel blanca y cabello negro se verá sin fuerza. O una persona cálida con piel blanca y cabello claro, con un suéter negro, se verá triste...

VAMOS A EXPERIMENTAR CON ALGUNOS LOOKS

Ya tenemos tu colorimetría y algunas reglas de oro para mantener siempre el estilo. Ahora es momento de probar distintas combinaciones. Te dejo estos ejemplos para que tú les quites, pongas, remuevas y disfrutes a tu manera. ¡A divertirse con un mix!

¿Qué tal algo monocromático?

Chicos	Chicas	Ojo (observaciones)
Playera	Playera	Puede ser con estampado o lisa
Suéter	Chamarra	De tela, piel o impermeable
Pantalón	*Leggings*	Puedes llevar bermudas, falda o pantalón
Cinturón no se ve	Cinturón no se ve	
Calzado deportivo blanco	Calzado deportivo blanco	Con tines blancos

¡Probemos un solo tono y sus acentos!

Chicos	Chicas	Ojo (observaciones)
Vestido azul marino	Jeans azules	Chicas: un vestido azul con una chamarra de mezclilla se ve genial
	Camisa de mezclilla azul	Chicos: una camisa de mezclilla con una playera blanca debajo de cuello redondo te hace ver moderno
Cinturón	Cinturón texturizado	Cinturón rojo
Zapatos	Zapatos mocasines	Zapatos o calzado deportivo rojos

¿Qué tal tonos oscuros y claros?

Chicos	Chicas	Ojo (observaciones)
Blusa	Playera	Chicas: ¡lleven algún collar ligero y largo con la blusa clara, tierna y amable!
Pantalón pitillo	Pantalón gris	Si te gustan los jeans de colores, en el momento que se vean descoloridos trata de cambiarlos
Zapatos negros (zapatillas)	Calzado deportivo negro	Siempre los zapatos negros lucen elegantes, limpios, sucios, ¡ni lo pienses!

¡Se me antojan dos tonos fuertes!

Chicos	Chicas	Ojo (observaciones)
Blusa rayada blanco/negro	Camisa de vestir de líneas blanco y negro	Las rayas pueden ser verticales Rojo (camisera de líneas delgadas en rojo blanco, azul)
Falda mini o pitillo negro	Pantalón negro	Pantalón azul Pantalón rojo
Cinturón negro	Cinturón negro	Un cinturón con textura es ideal para tu edad, el liso déjalo para tu papá
Gabardina blanca	Chamarra negra (*bomber jacket*)	Chicas: una gabardina blanca es un gran básico; cómprala en rebajas, ya que éstas no pasarán de moda NUNCA
Zapatos o calzado deportivo de loneta negros (tipo Converse de botita)	Zapatos o calzado deportivo blancos	Calzado deportivo rojo o azul

Combinemos colores neutrales con neutrales

Chicos	Chicas	Ojo (observaciones)
Playera con cuello "V" arena	Vestido básico biege	Los tonos neutrales te ayudan a crecer tu guardarropa
Pantalón	Bufanda Pashmina	Los tonos claros se combinan con oscuros y siempre resaltarán los dos
Chamarra	Suéter	Combinar el tono del pantalón con los calcetines es una gran idea
Zapatos	Zapatos	Mantén tus zapatos impecables. Cuando llegues a casa ponte tus pantuflas y deja respirar tus pies

¿Y si combinamos los colores neutrales con los vivos?

Chicos	Chicas	Ojo (observaciones)
Blusa blanca	Playera blanca	Si ves que tus blusas blancas están amarillas por el sudor, remójalas unos diez minutos en cloro y enjuágalas, verás que regresan a su tono
Falda gris mini	Jeans grises	Unos jeans grises o un pantalón gris de vestir siempre serán buenos cómplices de tu guardarropa
Abrigo azul	Chamarra azul o hoodie	Usa colores fuertes y vivos, eres joven, ¡vamos!
Medias negras	Calcetines negros	Todos tus calcetines no deben tener hoyos; ¡a remendarlos si es necesario!
Zapatos negros	Calzado deportivo negro	

¿Cómo se verán los colores imposibles?

Chicos	Chicas	Ojo (observaciones)
Playera morada	Blusa morada	El tono morado es un color que a las pieles morenas les va muy bien, ¡llévalo contigo!
Pantalón pescador amarillo	Short amarillo	El tono amarillo se ensucia con facilidad. Intenta llevarlo para fiestas o lugares con poco polvo
Sudadera morada		
Calzado deportivo amarillo	Zapatos color carne	

Usemos colores y texturas

Chicos	Chicas	Ojo (observaciones)
Blusa blanca	Playera blanca	Si te gusta el tono blanco, llévalo en verano, te hará sentirte más fresco
Falda de bolitas blancas con fondo azul	Pantalón azul	Lleva texturas en las prendas de la parte baja si eres delgado de piernas, esto equilibra tu figura
Suéter rojo	Suéter rojo	Un suéter rojo es una gran inversión ya que combina con casi todos los tonos claros
	Calcetines azules	
Zapatillas azules	Mocasines azules	

VEAMOS TU ARMARIO, *¡YES!*

Empiezo por lo más importante, tu ropa interior. Oh sí, la ropa que no se ve es mucho más importante de lo que crees; es primordial para que la ropa externa luzca mucho mejor. Así que saquemos de nuestra cabecita eso de que "como no se ve, no afecta". ¡Importa y mucho!

7, 9, 11, 28, 32, 34, 36... TALLAS, HABLEMOS DE LAS TALLAS

En esta etapa de tu vida vas a cambiar muy rápido de talla. De la noche a la mañana puede que la ropa deje de quedarte; así que te pido que, cuando vayas de compras —y antes de acercarte a la caja—, tengas en mente estos puntos antes de comprar.

- Sin marcas en tu piel. La ropa debe quedarte bien, nada debe apretarte: ni tu ropa interior, ni tus pantalones, ni tus faldas. Si alguna prenda te deja marcas es que te queda chica.
- Demasiada holgada. Tus prendas deben ser a tu proporción, esto es, evita usar todo "flojo" u holgado; éste es un estilo muy poco favorecedor. Especialmente si tienes una talla grande, evita aumentar tu volumen corporal, es cero agradable.
- Mostrar rollitos. Si al ponerte el pantalón se te sale algún rollito de piel, esa prenda no es para ti. Esto también aplica para faldas, blusas, playeras y cualquier prenda que deje al descubierto un trocito de piel incómoda.
- Pide una talla menos siempre, sí, te lo digo en serio. ¿Motivo? Las tallas varían en cada marca. Inicia de menos a más y busca tu talla ideal.
- Cuando los zapatos te lastiman, también es momento de cambiarlos. Al comprarlos, un dedo de tu mano debe entrar perfecto detrás de tu talón, éste es el mejor indicador de que es de tu talla ideal... en ese momento.

ROPA INTERIOR FEMENINA

BRASIER

Comprar un bra por primera vez es todo un evento feliz... para tú mamá, pues es el momento en que dejas de ser su niña y *¡bla, bla, bla!* Mientras que para ti puede resultar muy incómodo, es la muestra más evidente de que tu cuerpo empezó a cambiar y, además, ¡nunca habías hecho una compra de este tipo! Así que en tu cabeza sólo quieres que pase lo más rápido posible ¡y ya!... Pero bueno, ya estás aquí, así que es momento de averiguar tu talla. Para que estés informada, la talla de un bra se divide en dos partes: la primera es tu talla del torax y la segunda es la medida de tu mama, o el volumen de tu busto.

Tener la talla de brasier correcta es un tema ligeramente confuso para todas. Cada marca tiene su medida, así que tendrás que probarte varias marcas y modelos hasta llegar al que se te amolde mejor y te agrade más. Considera que mientras sigas creciendo tu cuerpo irá cambiando y tu busto con él. Por ejemplo, si mido el contorno de tu caja torácica, digamos que es de 30 pulgadas, ahora mido el volumen de tu busto, 34 pulgadas, ahora resto estas medidas. La diferencia es la medida de tu copa y la caja torácica tu talla. En este caso 4 pulgadas, ahora, considerando que cada pulgada extra es una copa (A: 1 pulgada / B: 2 pulgadas / C: 3 pulgadas D: 4 pulgadas, etcétera), en este ejercicio eres 30 con copa D: 30-D

Caja torácica – volumen de busto = tu talla

Ahora mídete a ti misma y obtendrás la medida de tu bra; compra bajo esta talla y verás que luces muy bien siempre, ¡sigamos!

Un top es un bra deportivo y éste es muy fácil de comprar, ya que las medidas son chica, mediana, grande y extragrande. Sólo toma en cuenta que, al ser deportivo, no tiene tanto ajuste y, si eres de busto muy grande, no te sentirás tan segura con este tipo de bra.

Desde ya debes cuidar tu piel y tu pecho, además de sentirte cómoda al momento de hacer ejercicio; por lo tanto, ten presente lo siguiente para ganarle a tu bra deportivo ¡0-15!

Debes estar más que a gusto con éste; debe ser flexible, no generar marcas y menos enrojecer tu piel.

Usa el adecuado para la actividad que vas hacer:

- Sujeción baja; si caminas o hasta para el diario.
- Sujeción media: perfecto para el yoga.
- Alta sujeción: si corres, vas a saltar o generar mucho rebote.

TE CUENTO QUE...

Por experiencia propia, para cuando seas adulta, todos estos traumas de ver crecer tu cuerpo se acabarán, te vas a enamorar de tu busto —del tamaño que sea sano— y tratarás de embellecerlo con ropa ultralinda. ¡Tranquila, lo amarás!

¡VAMOS POR LOS CHONES!

Aquí vamos a encontrar muchos diseños que sólo tu cuerpo y tus necesidades te ayudarán a elegir. Vamos, prueba varios modelos hasta encontrar los más cómodos para ti y para cada situación que se te presente. Los más comunes son:

La G-String o hilo, tanga brasileña

- **Uso:** ideal en ropa muy ajustada, vestidos, pants, pantalones, mini; si la vas a usar te sugiero que compres una talla más a tu talla regular, así no te sentirás incómoda con ella.
- **Nunca:** la uses en tus días de periodo, es incómoda; o si tienes una infección vaginal, también puede ser molesta.

La tanga

- **Uso:** igualmente para ropa muy ajustada y para tus jeans, es linda.
- **Nunca:** debe verse; evita llevarla con estampados y una prenda exterior de tono claro.

Bikini

- **Uso:** prácticamente con toda tu ropa. Al ser más completa, siempre estarás cómoda.
- **Nunca:** lleves la ropa interior de un tono más oscuro que la ropa exterior; se puede transparentar y eso se ve horrible.

Evita ser la mujer marcada. Sí, por los calzones. Tu tanga no debe marcarse en tu ropa. Cuando las rayas se ven, desluce el resto de tu atuendo y se ve horrible, ¡iug!

Esa visita color carmín que parece no tiene fin: hablemos de ese momento en el mes —o cada dos meses o cada que te toca mientras tu cuerpo se regulariza (si no se ha regularizado en un año, por favor, acude con un médico)— cuando a tu cuerpo le da por menstruar; al inicio te percatarás de que muchas cosas van a cambiar. Así que hay que prepararnos para no dejar ningún rastro de lo que nos está pasando, ¿de acuerdo? Hoy en día navegar por el periodo menstrual se vuelve cada vez más agradable gracias a la tecnología que usan las grandes marcas de tampones y toallas femeninas y a los avances que ha habido en la concientización ambiental para la creación de métodos menos contaminantes, como las panties superabsorbentes y la copa menstrual.

Tú y tu cuerpo decidirán en equipo qué es lo mejor para ti, igual y lo tuyo no es una toalla reutilizable sino un panty especial o una copa menstrual o cualquier cosa que venga en los próximos años; lo que importa es cuidar nuestro mundo. Así que la decisión que tomes hazla desde tu conciencia como terrícola, ¿va? Siéntete tranquila en estos momentos, poco a poco irás reconociendo tu periodo y tipo de flujo, lo que hará que puedas decidir si quieres realizar tal o cual actividad. Eso sí, al menos que de verdad la pases muy mal por culpa de los cólicos y debas quedarte en casa descansando, continúa con tus actividades normales. El movimiento y el ejercicio te ayudarán a que pase más pronto y te mantendrán entretenida. Trata de llevar tu rutina: cuanto menos pienses, terminará más rápido. En estos días sólo te pido:

TE CUENTO QUE...

Perteneces a una de las generaciones más preocupadas por el medioambiente, por lo que no deseo limitarte a las opciones de siempre (toallas desechables y tampones), prefiero abrirte el abanico de posibilidades más amables con el ambiente que hoy existen. ¡Aprovéchalas!

- Lleva *layering*s para que te sientas segura; si llega a pasar un accidente, tú estarás tranquila.
- En el caso de alguna mancha impertinente, actúa rápido y pide ayuda; pero en esto —como en muchas cosas de la vida— menos es más: ¡no tienen por qué saberlo todos!
- Consigue un estuche bonito para llevar tu *pack* de supervivencia. Hasta que no le agarres al truco, puede que tu regla te sorprenda en los lugares menos adecuados del mundo. Si estás preparada con lo mínimo necesario estarás lista para cualquier cosa y podrás ayudar a alguna amiga un poquito menos preparada que tú.

LOS TINES

- Uso: llévalos cuando uses pantalones, botines o mocasines que no sobresalgan de los zapatos; o si usas falda o alguna prenda que deje expuestos tus tobillos. Si llevas pantalón, no hay problema.
- Nunca: si sobresalen de los zapatos y se ven.

LAS CALCETAS

- Uso: éstas, en definitiva, van principalmente con el uniforme. Aunque hay que admitir que cada vez se vuelven más protagonistas de las combinaciones con falda, short y mini; para que hagas combinaciones espectaculares te doy algunas ideas:

    - Genera contraste, que sean las protagonistas de tu combinación.
    - Si quieres algo más clásico, llévalas del mismo tono de los zapatos y parte superior, te verás muy bien; tú decide.
    - Cuida que no se vean sucias, aguadas o rotas; de ahí en fuera, dale.

- Nunca: las lleves en un evento de gala si su composición es principalmente de algodón o tienen rayas deportivas.

LOS CALCETINES

- Uso: al ser más pequeños que una calceta, los puedes usar con pantalones o ligeramente arrugados con calzado deportivo, vestido o falda.
- Nunca: nunca los estires. Al ser pequeños, si los estiras, tu pantorrilla se verá angosta y tu pierna desproporcionada.

ROPA INTERIOR MASCULINA

Hablemos de los básicos:

- **Playera interior:** además de ir limpia y cambiarla todos los días debe ser blanca, especialmente si tu ropa superior será clara; además, asegúrate de que no traiga estampados o logos que puedan traspasarse en tu pecho. ¡Ah, y casi lo olvido!: deben ser de manga corta. Las playeras interiores sin mangas son sólo para dormir.

- **Calzones:** nuevamente limpios y cámbialos diario. Su diseño debe permitir que tus testículos (partes íntimas) se mantengan frescos y cómodos.
- **Calcetines:** limpios y cámbialos diario. Procura que sean, en mayor porcentaje, de algodón, así evitarás infecciones.
- **Tines:** son muy cómodos. Si los vas a llevar con el uniforme, lo ideal será que sean del tono del zapato que usas, así lucirás muy guapo.

> **TE CUENTO QUE...**
>
> La ropa interior no debe verse, repito: los chones no salen de la pretina del pantalón. Esto va para chicos y chicas. Se ve vulgar y poco favorecedor, ¡parecerá que le robaste los pantalones a tu papá! Jijijijiji

PIJAMAZZZZZZZZZZ

Llegó la hora de dormir y, con ésta, de empijamarte. Es el momento que tienes para descansar tu mente y cuerpo, y merece toda tu atención; si no tienes un buen descanso no tendrás un buen rendimiento al otro día. Los zombies sólo están bien en películas y videojuegos, ¡duerme bien para no parecer uno!

- **Cómoda:** ya sea desde una playera, un short, un pantalón con jarreta, lo que escojas para dormir debe ser muy confortable, que te quede bien y te permita moverte.
- **Cuida su mantenimiento:** el hecho de que sólo tú y tu familia te vean en pijama no significa que debe estar en mal estado. Cuida que no se haya roto, ni se encuentre desgastada. Dormir con una bella prenda te hace soñar bonito… ¡De acuerdo! Exageré un poquitititito, pero la verdad se siente muy bien dormir con una prenda en buen estado.
- **Transparente o muy revelador:** seamos honestos, eso es incómodo para tu familia o las personas con las que vivas. Si lo vas a hacer así, ¡ponte una bata y deja lo sexi para cuando estés en tu cama…!

ZAPATOS, ZAPATILLAS Y CHANCLAS, ¡AL CLÓSET!

Espera un rato antes de meterlos al clóset, déjalos respirar. Sí, que les dé aire. Todo zapato usado en el día debe reposar por lo menos doce horas; no lo guardes sin haberlo dejado orear. Por eso es importante que tengas como mínimo dos pares de "uso diario"; así, mientras calzas unos, los otros respiran y descansan. Además, evitarás malos olores e infecciones.

- Para denotar una imagen de limpieza y pulcritud, tus zapatos deben estar igual, cuídalos para que hablen bien de ti.
- El calzado deportivo deben lavarse y secarse al sol: es un antibacterial natural. Evita calzártelos húmedos, esto trae mal olor e infecciones. ¡Y no quieres un ojo de pescado en la base de tu pie!
- Las chanclas que se usan en el baño son personales, no las prestes. Si alguien tiene algún hongo, te puede contagiar, ¡iug!

ZAPATO VS. PANTALÓN

En este rubro lo importante es que te sientas muy tú en la actividad en la que estés. Si es un momento formal, lo ideal es llevar el zapato al tono del pantalón; ya sabes: la fiesta de XV, la comunión, la graduación... ¡vivan los novios!

Si deseas el efecto de piernas largas, usa el pantalón, calcetines y hasta el zapato del mismo tono y en la parte de arriba juega con los colores.

TIPOS DE JEANS Y PARA QUÉ CUERPO

Tú y yo sabemos que los jeans nunca serán suficientes, así que te dejo aquí los más comunes:

Nombre	Característica	Siluetas
Carrot fit	Imagina una zanahoria: arriba amplio y se va cerrando hacia abajo, sin llegar a ser pegado	Todos los cuerpos
Slim fit	Va delineado a la figura, pero no llega a ser pegado	Cuerpos: H, X, A, V
Cropped	Son cortos y ligeramente sueltos de piernas	Todos los cuerpos
Cropped flared	Son ligeramente más anchos de piernas y amplios en la parte baja	Cuerpos: H, X, V
Relaxed (tiro bajo)	Rectos y ligeramente holgados, con tiro bajo	Cuerpos: H, X, V
Skinny	Pegados a tu cuerpo, muy pegados	Cuerpos: O (si lo combinas con blusón), H, X, V
Straight	Recto desde tu cadera hasta tu elección de largo	Todos los cuerpos
Bootcut	Rectos en tus piernas y se van ampliando delicadamente desde tu rodilla para que entre una bota vaquera, ¡ajúa!	Todos los cuerpos
Flared	Éstos se van ampliando ligeramente más arriba de tu rodilla; se ven superacampanados, ding, dong	Cuerpos: H, X, V
Wide leg	Desde la cadera son anchos y hasta abajo, sin llegar a ser campana, amplios	Todos los cuerpos
Boyfriend	Es un pantalón recto, con tiro ligeramente bajo, levemente amplio o, por lo menos, esa apariencia da. Se supone que es prestado...	Todos los cuerpos

Nombre	Característica	Siluetas
Slouchy	Es de tiro alto, amplio de piernas con pinzas al frente y corto con ajuste en los tobillos	Cuerpos: H, X, V
A la cadera	Inician, precisamente, en la cadera y pueden ir desde rectos, skinny, hasta llegar a acampanados	Cuerpos: H, X, A, V
Rotos	Las piernas o rodillas muestran piel	Todos los cuerpos
Intervenidos	Son todos aquellos jeans que llevan algún bordado, pedrería u otro tipo de material incrustado en el pantalón	Todos los cuerpos
Baggy	Son holgados en las piernas de tiro bajo, pero la cintura va donde debe ir	Cuerpos: H, X, V
Dobladillo / fisher man	Aquel jean que va doblado	Todos los cuerpos, con cuidado
Mom	Alto de la cintura, amplio de piernas	Cuerpos: H, X, V
Parches	Todos aquellos que llevan algún parche	Todos los cuerpos
Frayed	Roídos y en la parte baja muestran la tela deshilachada	Todos los cuerpos
Cullote	A la cintura. Son anchos de piernas y terminan entre la rodilla y la pantorrilla	Todos los cuerpos

Sólo ten en cuenta que...

- los jeans no van en acontecimientos de gala.
- los jeans blancos se ensucian un montón y hay que cuidar que la ropa interior no se vea.
- los jeans negros no son para eventos formales.
- los jeans de colores: dale para todo momento, ¡me encantan!
- tener distintos modelos hace crecer tu guardarropa, evitarás lucir como "pan con lo mismo".

TE CUENTO QUE...

Según la ONU, 7,500 litros de agua se requieren para crear unos jeans, que prácticamente es lo que bebe una persona en siete años...[1] ¡Ups! ¿Te caíste de la silla? ¡Arriba, arriba! Sí, es para asustarnos y tomar conciencia de lo que compramos. Dicho por esta organización, el 20% de desperdicio de agua a nivel global lo realiza la industria de la moda. Por lo tanto, está en todos, TODOS los humanos, tener consciencia ambiental al momento de realizar nuestras compras. Menos es más y ¡nadie notará que son los mismos jeans si juegas con el resto de tu *outfit*! Espero que esto te ayude a valorar más tus jeans y las decisiones que tomas al comprarlos.

1. El costo ambiental de estar a la moda. Noticias ONU: https://news.un.org/es/story/2019/04/1454161#:~:text=Impacto%20ambiental%20de%20la%20industria%20de%20la%20moda%3A,de%20agua%20a%20nivel%20global%20Mas%20cosas...%20

LA CINTURA DE TUS JEANS

Corte (ultra low)	Características	Siluetas
Tiro ultrabajo	Son aquellos con la cintura muy, muy debajo de la cadera (arribita del pubis); los hicieron famosos Cristina Aguilera y Britney Spears	Cuerpos: X, H, V
Tiro bajo (low)	Su límite se encuentra ligeramente debajo de tu cintura	Cuerpos: X, H, V, A
Tiro alto (high-wasted) mom-jeans	Van más arriba de tu ombligo y algunos todavía un poco más	Cuerpos: H, X, A, V
Tiro o corte medio (original)	Es aquel que va justo en tu cintura	Todos los cuerpos
Tiro o corte regular	Ligeramente, casi nada, por debajo de tu cintura, es sólo para sentirte un poco menos ajustada en esa zona	Todos los cuerpos

LEGGINGS

Éste es todo un tema debido a la amplia variedad de tamaños, materiales, colores y estampados que se pueden encontrar en cualquier sitio, desde el mercadito de la esquina hasta la tienda más cara de tu ciudad. Como diría Will Taylor, de la peli *Yo antes de ti*: "¿Sabes qué veo cuando te miro? Potencial". Así que, como queremos lucirnos con unos *leggings* nuevos y sacarles todo el potencial posible, hay que vigilar un par de cosas antes de comprarlos:

1. Cuida tu talla, de lo contrario se formarán rollitos donde no quieres.
2. Llevar los *leggings* con zapatillas altas puede acortar tu pierna, tú decides. Pero los *leggings* con zapatos bajos se ven superlindos.
3. Los *leggings* con cintura alta ayudan y estilizan tu figura, son preciosos y muy cómodos.
4. Están hechos para combinarse y hacer más grande tu guardarropa, por lo que tenerlos en tonos neutrales es una idea genial.
5. Las prendas largas son las mejores opciones para complementar tus *leggings*.
6. Son más gruesos que las medias, las medias son ultradelgadas. ¡Cuidado! No quieres salir usando sólo unas medias…
7. Lleva una blusa suelta y ligera, nada de *t-shirts* con tus *leggings*.
8. No los subas demasiado —aplica para jeans, pantalones, bermudas, etcétera—, hay que evitar el terrible "camel toe" o "pata de camello": la línea entre tus piernas, luce demasiado ¡iug!
9. Los colores claros, como el blanco, piel y *nude*, se transparentan horrores; por lo tanto, ¡olvídalos!
10. Cuida tu ropa interior. Eso de estar marcado por la vida, ¡cero!
11. Si deseas llevarlos para la noche y te gusta el encaje, dale, pero no para la mañana.
12. *Leggings* rotos e intervenidos, ¡ay, mamacita! La verdad visualmente es… exacto, espantoso.
13. Los estampados, desde animal print hasta rayas pasando por flores, sólo lucen bien en un cuerpo con excelentes piernas, torneadas y en peso. Tu cerebro simplemente no puede con tanta distracción, digo, susto, digo, es que son raros…
14. *Leggings* muy gastados: el color se ve pardo y te quedan todos holgados; despídete de ellos y ve por unos nuevos.

TRAJES DE BAÑO

Bajo el maaaaar, bajo el maaaar,
eres sirena, vives contenta, eres feliiiiz

Éste es un rubro de cuidado y libertad. ¿Motivos? Más allá de si te sientes, o no, cómodo mostrando piel, recuerda que un traje de baño es para disfrutar el momento de estar en el agua o simplemente tomando un poco de sol.

Y como quiero que realmente te sientas feliz luciendo tu traje de baño, toma en cuenta esto y al agua, ¡ahora!

- Los trajes de baño pasan muy poco de moda; por lo tanto, invierte en uno bueno; éstos aguantan muchos años, al contrario de los de baja calidad, que se rompen fácilmente y se vuelven holgados luego-luego, lo que resulta muy peligroso...
- Pruébatelos, aquí no hay de otra, todos los cuerpos son distintos.
- Las tonalidades claras al mojarse pueden hacer ver desde el vello púbico hasta los pezones. Tómalo en cuenta.
- La talla debe ser realmente la tuya, ya que uno pequeño te hará lucir protuberancias donde no hay o dejará ver partes que prefieres mantener ocultas.
- Debes disfrutar y no sentir que llevas uno puesto —como con tu ropa interior—; ésta es la mejor señal de que es el adecuado para ti.
- El traje de baño no se comparte; es una pieza que, al tocar tus partes íntimas, es sólo para ti.

¡Ah, y bien importante! Ya puesto tu traje de baño, disfrútalo y vive el momento, cero vergüenzas, el mentón en alto y la espalda bien derecha. Esto hará que visualmente te veas, simplemente, ¡sensacional!

SUÉTERES, ¡DES-PA-CI-TO!

Todos tus suéteres van doblados. El material de los que están hechos requiere que vayan acomodados sobre una superficie plana o colgados por la mitad en un gancho, pero lo ideal es que los dobles para que no se hagan grandes. Evita que pierdan forma al colgarlos; especialmente si los usas muy poco, será peor. ¡Dobladitos se ven más bonitos!

ABRIGOS Y CHAMARRAS

Procura que te queden con el largo que quieres, aunque ligeramente holgados. ¿Razón? Los vas a usar con un suéter abajo y querrás sentirte cómodo. Recuerda que van colgados en tu clóset, no en el suelo o echos bolita en un rincón. Son piezas que se crearon para su uso en el exterior; por lo tanto, debes usarlos en combo:

Abrigo + suéter
Chamarra + suéter

ACCESORIOS

Los accesorios se usan como toques para resaltar tu atuendo, no necesitas ponerte todos al mismo tiempo ni tener cajas y cajas de ellos. Es más, si compras un accesorio acorde a cada temporada es suficiente para verte bien. Una pashmina con el tono de moda, un cinturón divertido o un anillo vistoso le darán un aire de modernidad al *look* y un respiro a tu bolsillo. La mejor forma de conservarlos es:

- Aretes, anillos, pulseras y relojes: van en sus contenedores originales o en una cajita especial para ellos.
- Cinturones: hechos rollo o colgados.
- Bufandas: dobladas o colgadas.
- Bolsas: colgadas.

PRENDAS BÁSICAS

Con esta cantidad de ropa podrás vestir más de un mes, ¡te lo firmo! Al combinar todas las prendas entre sí, haces que tu guardarropa crezca. Ahora si decides usar otra gama de colores es totalmente válido; ésta es tu matriz y puedes hacer tantas combinaciones como quieras. Simplemente cambia los tonos y usa las mismas prendas: ¡magia, magia, magia!

Tonos cálidos

Chicas	Chicos
1 blusa verde	1 playera verde
1 blusa arena	1 playera arena
1 blusa coral	1 playera coral
1 blusa texturizada	1 playera texturizada
1 pantalón verde	1 camisa arena /beige
1 pantalón arena	1 camisa cuadros verdes, beige
1 pantalón coral	1 camisa de mezclilla
1 vestido arena	1 pantalón verde
1 minifalda coral	1 pantalón naranja
1 suéter/cárdigan	1 pantalón arena
1 chamarra de mezclilla	1 jeans
1 zapatos deportivos blancos	1 chamarra de mezclilla
1 zapatos deportivos cafés	1 sudadera con gorra arena
1 zapatillas verdes	1 zapatos deportivos blancos
1 jeans	1 zapatos deportivos verdes
1 pants	1 mocasines
1 pashmina	1 cinturón café
1 cinturón café	1 pants
	1 short/bermuda

Tonos fríos

Chicos	Chicas
1 blusa roja	1 playera roja
1 blusa blanca	1 playera blanca
1 blusa azul	1 playera azul
1 blusa texturizada en rojo, blanco, azul	1 playera estampada en rojo, blanco, azul
1 pantalón rojo	1 camisa blanca
1 pantalón blanco	1 camisa azul
1 pantalón azul	1 camisa de mezclilla
1 vestido texturizado en rojo, blanco, azul	1 pantalón rojo
1 minifalda roja	1 pantalón azul marino
1 suéter / cárdigan rojo	1 pantalón gris
1 chamarra de mezclilla	1 jeans
1 zapatos deportivos blancos	1 chamarra de mezclilla
1 zapatos deportivos rojos	1 sudadera con gorra /pants
1 zapatillas azules	1 zapatos deportivos blancos
1 cinturón azul	1 zapatos deportivos rojos
1 pashmina texturizada en rojo, blanco, azul	1 mocasines azules
1 pants azul marino	1 cinturón azul
1 jeans clásicos azules	1 pants azul marino
	1 short/bermuda

PLAYERAS

¿Por qué amamos las playeras? Fácil: porque es una prenda todoterreno. Una *t-shirt* es la base de un guardarropa; pero, eso sí, reconocer y llevar la ideal hablará de ti sin decir una palabra. Cuando se trata de playeras es importante tener de todo un poco. Así que veamos las más básicas:

- Lisas. Son aquellas que aumentan tu guardarropa, el comodín para casi cualquier combinación. Las playeras en tonos claros te ayudan a que tu guardarropa se vea más grande y las de tonos oscuros y brillantes le dan contraste a tu *outfit*.

- Las rayadas te dan ese aire clásico, pero a la vez veraniego. Yo sé que hay quien teme que las líneas aumenten su peso visual, pero esto sólo sucede cuando no usas las adecuadas para tu estatura: si mides menos de 1.59 metros, las rayas no deben superar el ancho de tu dedo meñique; de 1.60 a 1.70 metros, procura que no excedan el ancho del meñique y el anular juntos, y más de 1.71 metros, usa el ancho que más te guste a partir de la suma de tu meñique, anular y el dedo del medio de tu mano.[1] Todos, absolutamente todos los cuerpos pueden llevar líneas horizontales y verticales; el efecto y la intención visual los das tú. Así que, ¡sin miedo a las rayas!

- Con logos. Póntelas para que expresen tus gustos y forma de pensar. Si lo tuyo no es la palabra, pero sí los hechos, puedes usar una con el logo de tu comida favorita, de algún cantante o banda musical, un mensaje inspiracional o de protesta... deja que tu playera hable por ti, ¿va?

- Deshilachadas. Sin lugar a dudas es todo un reto aprender a llevarlas. A pesar de que a algunos no les guste ver la ropa un poco "traqueteada", hoy en día hay diferentes procesos que hacen que una playera totalmente nueva luzca así, ¡a propósito! Usarlas te dará un *look* supercool, pero debes cuidar la frecuencia con que la portas, ya que una playera deshilachada todos los días hablará más de descuido que de alguna tendencia. Combinarlas es el secreto.

- Hechas a mano. Uy, éstas son mis favoritas de las favoritas. ¿Por qué? Pues porque están hechas por ti o fueron pensadas para ti; además, cumplen con todos tus requisitos ideales... o se supone que así sea. Pero, aquí entre nos, si alguna no te gusta cómo quedó, ¡es totalmente válido! Por favor, evita usar una prenda sólo para que otra persona se sienta bien, ¿sale? Eso es sabotaje personal.

---

1. Si quieres información más detallada, busca mi libro *La mejor versión de ti. Mujeres.*

La playera ideal para tu tipo de cuerpo

Playera o camiseta	Cuerpo O	Cuerpo H	Cuerpo X	Cuerpo A	Cuerpo V
Cuello V	✓	✓	✓	✓	✓
Cuello redondo		✓	✓	✓	✓
Cuello barco	✓	✓	✓	✓	
Cuello barco redondeado	✓	✓	✓	✓	
Polo a camiseras	✓	✓	✓	✓	✓
Sin tirantes (pero debajo de una camisera, para todos)		✓	✓	✓	
Corte slim fit		✓	✓		✓
Corte slim fit larga		✓	✓		✓
Corte clásico	✓	✓	✓	✓	✓

Mi playera me quiere, la quiero por...

- Los materiales. Hay muchos: algodón, polo, viscosa y elastano.
- La comodidad y porque combinan con todo.
- Su versatilidad: te ayudan a pasar de una temporada a otra con un superestilo
- La facilidad de llevarla como informal y formal.
- Su uso: afuera de la prenda baja es muy cómoda y dentro, ¡sexi!
- Porque es el vínculo entre lo "no tan formal" y lo "formal"; te permite llevarla con un traje sastre y pasar, poco a poco, a las blusas y camisas.

Tipos de playeras

Mujeres: playeras, blusas y camisas	
Cuello redondo. Este tipo de cuello les va prácticamente a todas las figuras, es cómodo y moderno. Puedes llevar desde una sudadera encima, un suéter y hasta un saco.	
Cuello en "V". También este tipo de cuello es muy favorecedor para todas las figuras y más si deseas verte con más cuello y delgada.	
Blusa sin mangas. Les van bien a las chicas con brazos delgados y si no transpiras mucho. ¡Ah!, recuerda que debes estar bien depilada de las axilas al usarla.	
Camiseras. Llevar una blusa tipo camisero es una buena idea y con una playera top abajo o una playera básica, luces armónica.	

Hombres: playeras y camisas

Cuello redondo. Las playeras de este tipo son versátiles y combinan con todo. Una gran combinación es usar encima un suéter de cuello en "V", ¡muy moderno!

Cuello en "V". Este tipo de cuello te ayuda a verte más delgado. Desde una chamarra de mezclilla hasta una de piel combinan muy bien.

Playeras sin mangas. Úsalas sólo para hacer ejercicio y dormir. No las lleves a ninguna clase de eventos informales (cine, fiestas, reuniones familiares) y mucho menos a eventos formales (XV años, reuniones escolares, misa).

Camiseras. Estas camisas son una gran pieza para ti, ya que combinan con traje completo, con un saco, jeans, pantalones de algodón y hasta con bermudas. Sobre una playera básica de cuello redondo lucirás muy guapo, y las camiseras con cuello tipo Mao te evitarán llevar corbata.

P.D. Las camisas de cuello con botón no llevan corbata, ¡mucho ojo!

FALDAS

Mini. Este tipo de faldas llévalas con zapatos bajos; de lo contrario, te verás poco refinada.

Circular. Esta falda es una de mis favoritas porque te combinan con todo. Con una blusa básica o una blusa suelta o por dentro de la pretina.

Recta. La falda recta es el sinónimo del pantalón para un hombre, ya que combinan con todo.

Línea A. Un verdadero comodín. Las puedes llevar con todo tipo de prenda superior, desde playeras hasta un suéter y siempre te verás muy linda.

Tulipán. Ésta es más para fiesta; la abertura te da ese toque sofisticado que exige un evento de gala.

La falda gitana (gipsy). Si eres bajita, póntela con tacones altos y, si no, con sandalias te verás increíble, muy ¡ye, ye, ye, ye!

Asimétrica. También para fiesta: date vuelo con una blusa corta y básica que equilibre el diseño que ya tiene una falda de este tipo. La parte de arriba debe ser sencilla.

De holanes. Es femenina y muy cómoda; llévala con zapatillas planas a cualquier evento. Sólo recuerda que este tipo de falda luce mucho más en figuras muy delgadas.

VESTIDOS

Son de las piezas más combinables y con las cuales te vas a sentir cómoda sí o sí; te hacen lucir femenina, son rápidos de poner y, hoy en día, puedes combinarlos con todo tipo de calzado: desde calzado deportivo, zuecos y botas hasta zapatillas, por ejemplo.

Existen muchos tipos, como túnica, imperio, cintura alta, canesú, tubo...

TÚNICA

IMPERIO

CINTURA ALTA

CANESÚ

TUBO

¡LOS VENGADORES, DIGO, LOS IMPERDIBLES!

MODA JUVENIL CHICOS

Imaginemos por un momento que estamos en la escuela: buscas a tus amigas y te das cuenta de que están mirando a uno de tus compañeros y murmuran que es muy guapo, pero tú lo ves sumamente normal… Temo darte esta noticia, pero casi siempre se debe a la manera en la que se desenvuelve, se arregla y se viste. A estas alturas, ya sabes cómo debes desplegarte y arreglarte dependiendo de tu físico. ¡Ahora te toca aprender cómo vestir! Lee con calma y ve anotando qué tienes y qué te falta.

1. **Ropa limpia.** Básica, ya sea que vayas de uniforme a la escuela o si hay fiesta por parte de ésta; es más, hasta en reuniones familiares. Aunque no vaya la chica que te gusta, nunca sabes a quién puedes encontrar por el camino, así que ve siempre limpio y pulcro.
2. **Prenda básica.** Una prenda básica es aquella que te salva de todo y combina con todos tus pantalones, puede ser una playera blanca o una camisa azul cielo, rosa o marino.
3. **Pantalón perfecto a tu medida y proporción.** La verdad no la riegues y usa los pantalones que mejor se adecuen a ti. Puedes ponerte unos entubados si eres delgado, pero evita los de pitillos; un pantalón superpegado no te favorece nada y menos si tus piernas son delgadas: te verás aún más flaco e, incluso, frágil.
4. **Zapatos impecables.** Ya sean zapatos deportivos o huaraches, deben estar muy limpios. Los zapatos limpios en los hombres denotan cuidado y esmero en ellos mismos.
5. **Refléjate.** Tú debes empezar a elegir tu ropa, ni tu papá, ni tu mamá deben seguir diciéndote qué usar. Empieza por conocerte, agradece lo que te dan y ahora acompáñalos de compras.
6. **Olvídate de acumular mucha ropa.** Primero, porque estás creciendo y todo te va a quedar o grande o muy pequeño rápidamente, y segundo: porque no lo requieres. Es preferible que tengas poca ropa y te veas bien siempre a que tengas mucha que no te va bien. Es mejor verte como un buen retrato que como una historia de Instagram mal elegida.

7. Las playeras deportivas de futbol u otro deporte llévalas en días informales, cero para fiestas.
8. Usa pants y llévalos con calzado deportivo para ir relajado a algún súper, no para fiestas o reuniones.
9. Llevar una playera con logo en el pecho en otro idioma implica que debes saber lo que dice. ¡No te pongas en evidencia con palabras que desconozcas!
10. Impresiona con una buena imagen. Eso de andar fumando o tomando alcohol es cada vez menos atractivo para las chicas; te desluce, se ve muy mal y el sabor de tus besos va a cambiar… y no será agradable, créeme.

MODA JUVENIL CHICAS

1. Péinate. Si te gusta el cabello largo, péinalo con algún recogido bonito, llevarlo totalmente suelto es ligeramente aburrido.
2. Hablar con palabras coloquiales es el aviso de que requieres leer más, ya que sólo las personas con escaso vocabulario las utilizan todo el tiempo.
3. Relaciónate de manera cortés con tus compañeros. Todos merecen el mismo respeto que cualquiera de tus amigos; así que es mejor evitar gritarles o decirles cosas fuera de lugar.
4. Tu ropa debe estar en buen estado, sin hilos colgando o sin botones; si no está así, arréglala.
5. Recuerda que, en tus días de periodo, debes ser más exigente con tu higiene personal.
6. Tu ropa interior debe ser del mismo tono que la exterior; dedícale más atención para las prendas de tu uniforme.
7. Compra lo que realmente necesites. Olvida la frase "parezco retrato".
8. Si vas a usar la ropa de tus hermanas pídesela de buena manera y regrésala en buen estado. Es la única forma de mantener ese armario a tu disposición cuando lo necesites. Y, aún más importante, la armonía en casa…
9. Tu ropa interior es sólo para ti; no la compartas con tus hermanas ni con amigas ni con nadie. ¡Por favor!
10. Oler bien es una gran idea; para la escuela lleva olores frutales, va perfecto con tu edad.

¿CÓMO ME VISTO?

Esta pregunta es ¡dificilísima! y, a la vez, muy fácil de responder. ¡Júntate conmigo! y continúa leyendo. Recordemos que vivimos en sociedad y debemos seguir algunos cánones que ésta nos dicta, como saber comportarnos en cada circunstancia o vestir adecuadamente —por lo menos, lo mejor que podamos—. Esto trae como consecuencia sentirte cómodo y seguro en cualquier lugar, además de darle la importancia al evento al cual asistes. Para que estés tranquilo sobre cómo vestir, sigue estas indicaciones y siempre estarás ¡superbién!

EVENTOS FORMALES

Te lo voy a explicar muy fácil: todas aquellas reuniones que te informen con una invitación en papel son eventos formales. Estos acontecimientos llevan una etiqueta y, en otras ocasiones, hasta un protocolo.

Algunos ejemplos son bodas, XV años, bautizos, confirmaciones, graduaciones, aniversarios de boda, etcétera. En la mayoría de ellos los anfitriones te dirán cómo ir vestido.

No te preocupes, la mayoría dirá "formal" y entonces deberás llevar:

Chicos, un traje. No es necesario llevar corbata a tu edad, pero es lo ideal para un evento de este tipo. Para las **chicas** es un poco más complicado, ya que en estos eventos te podrán pedir un largo riguroso; si no es así, con un vestido a media pierna o corto te verás muy bonita. Pero, eso sí, en estos eventos siempre debes llevar vestido, que no se te olvide.

Eventos formales básicos: son aquellos en los cuales debes ir presentable y serio. Esto incluye cuando pides empleo, presentas un examen profesional, acudes a algún evento cívico, comidas de graduaciones, o aquellos en los que el anfitrión te diga que es formal por la mañana y tarde, ya que en la noche sería "de gala".

EVENTOS INFORMALES

Los eventos informales son los que realizas con tus amigos, familiares y con compañeros de la escuela. A menos que sean los XV años de alguna compañera y se celebren en salón o en un jardín muy lindo, todos estos eventos son informales. No tengas vergüenza al preguntarle al organizador (es mejor preguntar que quedar en las fotografías de recuerdo con bermudas mientras el resto lleva traje): ¿hay algún código de vestuario?, ¿quieres que vayamos vestidos de alguna manera?, ¿podemos ir de jeans? Así de fácil.

LOOKS / OUTFITS

Formal hombre	Informal hombre	Formal mujer	Informal mujer
Saco	Playera o camisera	Vestido largo o corto	Blusa o playera
Chaleco	Chaleco	Chalina	Suéter / cárdigan
Corbata (opcional)	Suéter, chamarra (no de algodón) / cárdigan	Abrigo	Chamarra (si hace mucho frío)
Pantalón de vestir	Pantalón desde jeans hasta de gabardina		Vestido Falda Pantalón
Mocasines	Mocasines o calzado deportivo	Zapatillas	Mocasines o calzado deportivo

¡ME GUSTA MI ROPA! ¿CÓMO LA CUIDO?

La ropa es una inversión y como tal debe ser tratada; por lo tanto, saca el jabón y la cubeta: ¡a lavar!

Si piensas ayudar en casa lavándola en una lavadora, divide la ropa por colores: blancos, negros y colores similares. Trata de juntar lo que realmente necesita la lavadora, ni menos porque gastas agua y luz, ni más porque puedes descomponerla. Si dudas en qué ciclo colocar la ropa, uno delicado será suficiente.

Tiende la ropa, de preferencia al sol —aprovecha que es un antibacterial natural— y bien "estiradita", para que todo se seque cuanto antes y se ventile antes de volver a tu clóset.

> **TE CUENTO QUE...**
>
> Antes de empezar, recuerda SIEMPRE mirar las instrucciones de la etiqueta. En ella leerás si debes lavar en lavadora, a mano o en seco, con agua fría o caliente, si se tiende al sol o a la sombra, incluso si puedes usar secadora o plancha. Las etiquetas están ahí por algo, aprovecha la información que te proporcionan.
> ¡No querrás arruinar una prenda nueva!
> Tu imagen es tu mejor inversión.

LAVAR A MANO, TAMBIÉN LO PUEDES HACER, ¡CÓMO NO!

- Separa la ropa clara de la oscura.
- Llena una tina con agua dependiendo de la cantidad de ropa a lavar. Por cada prenda coloca dos vasos de agua, sólo es para remojarla y echarle jabón.
- En la tina, coloca jabón líquido o sólido; calcula una cucharadita por prenda.
- Mete la ropa en la tina y con tu mano comienza a mover el agua, sin exprimir. Déjala escurrir para que el agua jabonosa salga de tu prenda y sólo presiónala.
- Ahora mete la prenda al agua limpia y enjuaga.
- Tiende tu ropa en una toalla seca o en un tendero.
- Y listo. No es tan difícil y ayudas en casa.

¿QUÉ QUIERO Y QUÉ NO QUIERO EN MIS REDES SOCIALES?

Facebook, Instagram, X (antes Twitter), Snapchat, WhatsApp, TikTok (y las que vengan) son y serán por mucho tiempo medios de comunicación; además, cada momento que pasa se vuelven una parte más importante en la forma en la que nos relacionamos con los demás, nos enteramos de noticias del país y el mundo y nos informamos de cosas que giran alrededor de nuestros hobbies. Habla y exprésate en ellas sin miedo, pero hazlo con cuidado. Recuerda que si no conoces a la otra persona fuera de la pantalla, no hay manera de asegurarte que es quien dice ser. Así que como todos te queremos seguro, es mejor que…

- Evites enviar información personal; en la red hay gente muy mala que puede hacer uso de tus datos personales y dañarte. ¡Es en serio!
- No mandes fotografías con poca ropa o completamente desnudo. Hacerte retratos de esta clase no sólo daña tu imagen —ya que te expones al escrutinio de la gente—, sino también a tu familia y a la gente cercana a ti; en situaciones así, todo tu entorno sale lastimado.
- No seas un *troll* de internet. Esto significa que evites hacer *bullying* o herir a los demás. Quien lo hace, lo único que exhibe es la pobreza o ausencia de afecto en su vida. Aprovechar el anonimato que da una pantalla para dañar o exponer a una o varias personas o animales refleja a un ser triste e infeliz. Así de fácil.
- Evites caer en las provocaciones de los llamados *trolls* y pasa de largo, o terminarás convirtiéndote en uno de ellos. Usa tu tiempo en línea de manera más útil y enriquecedora.
- No muestres heridas propias o ajenas en tus redes. Nadie necesita ver esa clase de cosas por sorpresa y sin buscarlas. Por favor, no subas ninguna imagen violenta en tus redes.
- Al compartir noticias, infórmate un poco más para asegurarte de no estar difundiendo una mentira (las famosas *fake news*). Recuerda que esta clase de historias están diseñadas para crear pánico gratuito y no quieres asustar a tus seres queridos.

● ¡Y hablando de compartir! Si la noticia es real, pero contiene imágenes violentas y, aun así, deseas compartirla, por favor busca un medio de comunicación que haya tenido la decencia de cubrirlas. Para ti son simples heridas, pero para la familia y amigos de los involucrados es doloroso ver lo sucedido en todos lados.

TE CUENTO QUE...

Las redes son tuyas, no al revés.
Tú tienes el poder sobre ellas.
Es muy importante que recuerdes que la
mejor imagen es la tuya, la que tienes, la que
portas y que se puede ver. No la que finges
para ganar *likes*. La aprobación de extraños no
tiene por qué ser tu meta. Rígete por la vida
real, lo que está cerca de ti y puedes tocar
y abrazar. Aspirar a ser tú y ser feliz
es el mejor *like* que le puedes dar
a tu vida.

UN COMODÍN PARA CUALQUIER FIN

AL CRECER

- Cero escotes.
- Cero excesos de spray.
- Nada de ropa de mamá.
- No uses materiales transparentes.
- Evita los tacones si no sabes andar con ellos.
- No lleves exceso de joyas (se pueden perder).
- Evita el exceso de maquillaje.
- No te quedes callado.
- Expresa tus sentimientos.

AL HABLAR

- **Evita las muletillas.** Estoy segura de que en ocasiones al hablar repites una palabra muchas veces; ésa es una muletilla: una palabra que no aporta nada a tu mensaje, pero la llegas a decir tantas veces en una frase que puedes aburrir a los demás o parecer que tienes poco vocabulario. Algunos ejemplos son: este, como, pues, güey, no manches... ¡Enriquece tu vocabulario!
- **No al lenguaje coloquial.** Ahora que ya enriqueciste tu diccionario personal, evita lo coloquial y dale a tu imagen un verdadero crecimiento. Sólo las personas cortas de vocabulario y cultura hablan así.
- **Evita las groserías.** Hay un lugar para cada cosa, y las groserías no siempre son bienvenidas. Asegúrate de usarlas sólo cuando sea meritorio.
- **No mientas.** Las mentiras tienen patas cortas y siempre se descubrirá la verdad. Trata de ser lo más honesto posible.

AL ACTUAR

- **Manéjate de manera natural.** Todo exceso se nota y demerita tu imagen. Evita movimientos demasiado rápidos con las manos, sonrisas falsas y movimiento infantiles, como mover la cabeza con rapidez o saltar; una vez es divertido, pero siempre...
- **Si deseas ser tratado** como adulto compórtate y recapacita tus acciones. Esto hablará de ti y de tu madurez, y estoy segura de que tus padres y tus amigos confiarán más en ti.
- **No te encojas.** Mantente derechito y demuestra seguridad de quién eres y lo que haces.
- **No espíes a las hormigas.** Tener la vista al frente, por un lado, muestra seguridad y, por otro, no parece que estés espiando a las hormiguitas del camino. ¡No quieres chocar con un poste o una puerta!
- **NO es NO.** Respeta a otras personas cuando te demuestren o expresen que no están cómodas.
- **No juzgues.** No somos nadie para juzgar la manera de vestir, actuar o hablar de los demás. Procura ser tolerante y asegúrate de que siempre se respeten los derechos de los demás.
- **No abuses del azúcar.** Ningún exceso es bueno, así que cuida lo que ingieres para mantenerte saludable.
- **No te muerdas las uñas.**
- **No te calles,** pero tampoco te impongas. Estás encontrándote a ti mismo. Si quieres decir algo, dilo; pero no exijas que todos piensen igual. Recuerda que en las diferencias está el gusto.
- **No te quedes con dudas.** Si quieres saber algo, pregunta, investiga y asegúrate de tener fuentes confiables de información. Tu cerebro es una esponja, así que aprovéchalo y no dejes que se seque.
- **Quéjate, pero con educación.** Si no estás de acuerdo con algo, háblalo y resuélvelo. Así es como los adultos solucionan sus problemas, no a gritos ni golpes.

AL VESTIR

- Se tú mismo, asegúrate de llevar la ropa lista y adecuada para el momento; esto hará que te sientas cómodo en cualquier situación.
- En ocasiones es válido hacer prestamos de ropa, esto te permite reconocer qué te va y qué no; por lo tanto, prueba con la ropa de otra persona jijiji. Pero, eso sí, todo préstamo se entrega impecable; de lo contrario, tendrás que pagar los desperfectos.
- Evita usar calcetas con huaraches, se ven terribles. Sólo podría valerse si hace frío en casa, nadie te estará mirando y no tienes pantuflas a la mano. Es mejor que andar descalzo o ensuciando las calcetas, pero mantenlo en secreto; que esto sólo lo sepan tú y Wilson.
- Evita la ropa y los zapatos desgastados o rotos; hablarán muy mal de ti.

AL ARREGLARTE

- NO uses tu maquillaje si ya expiró. Ve por uno nuevo; tu piel te lo agradecerá.
- Mantén limpios tus artículos de higiene personal. Eso incluye tu toalla; por fa, lávala seguido.
- No abuses del rubor; eso es anticuado y no quieres verte como payaso.
- Evita las lociones en tu cara luego de rasurarte barba y bigote.
- Evita quedarte sin cejas. Aunque se ponga de "moda", deja tus cejas en paz hasta que seas mayor y decidas que realmente puedes vivir sin ellas.
- Si un corte de cabello te encantó, toma una foto y llévala contigo a la estética la próxima vez.

POR FAVOR, NO...

- ...le temas a los cambios, adáptate y éntrale. Puede que terminen gustándote, ¿verdad, Miguel?
- ...olvides que los colores no son de nadie. Tú dales el significado, aprende qué dicen y úsalos a tu favor.
- ...evites a tus abuelos, a menos que éstos no sean buenas personas contigo. Lo comprendo; pero, de todas formas, ámalos, tienen mucho por enseñar y tú por aprender.
- ...calles nada que te moleste cuando compartas tu recámara o tu espacio, aunque lo hagas con alguien mayor; cualquiera debe respetar tu lugar. Apaga la luz temprano, ¡he dicho!
- ...dejes que te presionen para tener relaciones sexuales. Sólo tú decides cuándo es el momento perfecto.
- ...temas denunciar un abuso sexual.
- ...hagas del celular tu mejor amigo; éstos son de carne y hueso.
- ...pienses que hay cuerpos perfectos, porque no los hay —al menos no los que nos venden en revistas, TV e internet—; el único cuerpo perfecto que existe, y debe importarte, es el tuyo, precisamente por eso, porque es tuyo.
- ...te frustres si tu cuerpo no encaja a la perfección con lo que he dicho aquí. Recuerda que puedes tener una mezcla de dos cuerpos, es normal y se vale.
- ...utilices ropa interior en mal estado sólo porque no se ve. En ocasiones una talla equivocada puede crear protuberancias, o un chon desgastado hacer rayas donde no las hay.
- ...lleves la ropa sucia en general, eso es muestra de descuido.
- ...abuses de los *Leggings*. Si los usas muy apretados pueden llegar a provocar infecciones vaginales o resequedad en la piel.

¿Qué otros comodines crees necesitar? ¡Anótalos y personaliza esta sección!

ES HORA DE DECIR ADIÓS

Ahora que terminaste todo el libro, ¡lo logramos! Descríbete frente al espejo y a tus ojos; sé objetivo y constructivo. Procura ser positivo y evitar adjetivos negativos de tu persona. Date unos minutos y percibe los cambios que hoy tienes, ¡atrévete a mirarte!

Estoy segura de que hoy eres diferente. ¿Te digo cuál es el secreto? Muy fácil, en este momento te conoces mejor. Sabes qué colores te favorecen, qué tipo de ropa te va, cómo combinar tus prendas, has reforzado tu higiene personal y hasta tu comunicación personal. ¡Caray!, eres sensacional. Como tú, no hay nadie más.

Por último y no menos importante: de hoy en adelante, eres tú el encargado de tu imagen personal, de tu higiene, de tu comportamiento y hasta de mantener tu ropa limpia y en buen estado, esto te convierte en un ser **responsable...**

"**adj.** Dicho de una persona: Que pone cuidado y atención en lo que hace o decide."

Sí, de ahora en adelante tú y sólo tú debe comprometerse a desarrollar una imagen completa e ideal para compartir con otras personas tus gustos y tus preferencias. Tus responsabilidades, tareas escolares y deberes del hogar son únicamente tuyos. ¡Vas solo!

Estar a cargo de tu imagen te permitirá crecer bajo un marco de decisiones y gustos personales que seguir; si no lo llegas a acatar, sólo tú serás el responsable de los resultados. Así que "échale ganas" a cuidarte desde ahora que eres joven, para que cuando llegues a adulto te digan: ¡qué bien luces para tener treinta años! ¡Ah!

Bienvenido a ser quien deseas ser todos los días; bienvenido a conocerte y ratificar que la vida es increíble, pero sobre todo a disfrutar cada momento de tu vida en armonía, amor y seguridad. Ya quedaste muy guapo, ahora trabaja para vivir cada momento intensamente con seguridad y responsabilidad. Es fácil, ¡y te lo mereces!

¡GÁNALES

A TODOS!

MARCAS INCLUSIVAS

MARCAS CON CONSCIENCIA

- www.incluyeme.com
- www.cambiandomodelos.org
- www.freeformstyle.com
- www.marlo.es
- www.handyinclusiva.com.ar
- https://es.tommy.com/tommy-adaptive

ARTÍCULOS SOBRE EL TEMA

La importancia de la industria de la moda en la inclusión de todo tipo de personas:

- https://consumotic.mx/opinion/industria-de-la-moda-un-medio-para-la-inclusion-social/

Un grupo de diseñadoras de moda deciden crear una colección especial para personas con discapacidad, enfocada en sus necesidades:

- https://ibero.mx/prensa/universitarias-disenan-ropa-adaptada-para-personas-con-discapacidad

Un artículo sobre la tercera modelo con síndrome de Down que desfila en la Fashion Week de Nueva York. ¡Vamos por más!

- Marian Ávila, la española con síndrome de Down que desfiló en la Fashion Week de NY | Arena Pública (arenapublica.com)

Un sencillo tutorial de maquillaje diario para personas con sordera. ¡Échale un ojo para aprender un poco!:

- https://www.elnuevodia.com/magacin/moda/videos/un-tutorial-de-belleza-para-personas-sordas-247082/

El primer desodorante adaptado para personas con capacidades diferentes, con marcas en braille, un diseño especial para mejorar su agarre y es rellenable.

- https://insiderlatam.com/unilever-presenta-el-primer-desodorante-inclusivo-del-mundo-para-personas-con-discapacidades/

Reportajes sobre cómo la industria de la moda está cambiando junto con el mundo, y la manera en que varias marcas han desarrollado nuevos productos que apoyan la diversidad y la inclusión de personas con capacidades diferentes:

- https://www.claverouge.com/ebt/2019/11/12/belleza-con-capacidades-diferentes
- https://expansion.mx/mercadotecnia/2017/12/02/4-marcas-que-fomentan-la-creacion-de-una-sociedad-inclusiva
- https://www.infobae.com/tendencias/lifestyle/2018/06/21/adios-a-los-estereotipos-las-marcas-de-lujo-siguen-apostando-a-la-diversidad-en-sus-campanas/

Esta obra se imprimió y encuadernó en
el mes de octubre de 2023, en los talleres
de Gráficas 94, que se localizan en
la Calle Berguedà 6, nave 4-6, Pol. Ind Can Casablanca,
C.P. 08192, Sant Quirze del Vallès (España).